江苏省高等学校重点教材（编号：2021-2-253）

小学生认知学习

李 梅　郭冰冰　李红燕　张树东　编著

南京大学出版社

内容简介

本教材定位为侧重学习,焦点是认知学习。本教材以"学习"为先行组织者,引出"认知学习"的概念,首先介绍不同流派的学习理论;然后具体阐述学习心理,即知识学习、认知技能学习、认知迁移学习和学习策略;最后的教学心理部分包括认知学习的教学设计、认知学习的测量与评价和影响认知学习的心理因素。

本书致力于打造一本将小学课程与心理学教学理念紧密结合,对小学教师教育具有实际指导意义的教材,以期适应小学教师培养的实际需要。表现在阐释了落实小学语文课程标准和小学数学课程标准的教育心理学方法,增加了理论在小学教学中的实施步骤,加大了教学设计章节的内容等。

本教材是融合教材,通过二维码链接,提供丰富、多元化的数字资源。

图书在版编目(CIP)数据

小学生认知学习 / 李梅等编著. —— 南京:南京大学出版社,2024.5
ISBN 978-7-305-27995-9

Ⅰ.①小… Ⅱ.①李… Ⅲ.①小学教育—教学研究—高等学校—教材 Ⅳ.①G622.0

中国国家版本馆 CIP 数据核字(2024)第 037900 号

出版发行	南京大学出版社
社　　址	南京市汉口路22号　　邮　编　210093
书　　名	小学生认知学习 XIAOXUESHENG RENZHI XUEXI
编　著	李　梅　郭冰冰　李红燕　张树东
责任编辑	曹　森　　　　　编辑热线　025-83686756
照　排	南京南琳图文制作有限公司
印　刷	南京鸿图印务有限公司
开　本	787 mm×1092 mm　1/16　印张 14.25　字数 329 千
版　次	2024 年 5 月第 1 版　2024 年 5 月第 1 次印刷
ISBN	978-7-305-27995-9
定　价	49.00 元

网址:http://www.njupco.com
官方微博:http://weibo.com/njupco
官方微信号:njupress
销售咨询热线:(025) 83594756

＊ 版权所有,侵权必究
＊ 凡购买南大版图书,如有印装质量问题,请与所购图书销售部门联系调换

前 言

为了促进师范生的培养,2011年教育部颁布了《教师教育课程标准(试行)》和《教育部关于大力推进教师教育课程改革的意见》,将课程"儿童心理学(发展心理学)"更名为"儿童发展",又将"儿童心理学(发展心理学)"中有关认知发展的内容和"教育心理学"中有关认知学习的内容重构为课程"小学生认知与学习"。据此,本团队在该精神的引领下编写了此教材。本教材为"2021年江苏省高等学校重点教材立项建设"教材之一,同时也是2022年江苏省"青蓝工程"优秀教学团队——小学教育专业教育学主干课程教学团队建设成果。

本教材的定位是"侧重学习",焦点是"认知学习"。定位是"侧重学习",是为了避免与"儿童发展"课程内容重复;焦点是"认知学习",是因为小学生的学习主要是认知学习。本教材主要包括"认知学习"的概念,以及不同流派的学习理论、学习心理和教学心理等部分内容。

与已出版的同类具有代表性的教材相比,本教材不仅加大了与小学课程的结合力度,还提供了丰富的线上资源,填补了同类纸质教材缺乏融合性资源的空白。具体来说,本教材具有以下特色。

(1) 致力于打造一本将小学课程与心理学教学理念紧密结合,对小学教师教育具有实际指导意义的教材。具体表现包括直接对标小学学科课程标准,在各知识点的理论阐述后增加了小学教学应用的内容和理论在小学教学中的实施步骤,加大了教学设计内容的篇幅等。

(2) 运用现代化信息技术,旨在实现线上线下的无缝衔接课堂。线上资源配套不仅有相应章节的知识点拓展文本,而且有相应的知识点视频。将抽象的理论知识具象化,复杂的实践运用可视化。这种创新的模式,旨在激发学生的学习热情,加深他们对知识的理解,使学习过程更富成效。

(3) 建立优质资源共享机制,以"互联网+教育"的思路提升小学教育专业人才培养的质量。

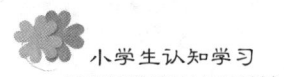

此外，本教材在内容安排上还具有科学性、创新性和可选择性。

（1）科学性。创作团队充分研究《小学教师专业标准（试行）》《教师教育课程标准（试行）》《中小学教师资格考试标准》《师范类专业认证标准》和"卓越教师培养计划"等文件，领会其精神实质，将其教育理念、基本内涵贯穿于编写过程之中。

（2）创新性。本教材按照课程导图、知识点导图展开教学内容，便于学生了解专业、课程、知识点的内在逻辑和构架，明晰所学内容。依托纸媒教材，通过二维码的形式提供丰富且多元化的数字资源，还可对教师教学和学生学习习惯进行数据化分析。同时，本教材及其资源将持续更新。

（3）可选择性。本教材内容丰富、形式多样，为教师教学和学生学习提供多种选择。为了兼顾不同层次学校小学教育专业的办学特色、课程设置和教学情况，体现知识体系的完整性，满足能力培养的要求，适应小学教师培养的多种实际需要，本教材提供了多种资源以供选择。

全书历时三年才得以完成，在此对参与教材撰写的教师表示谢意。同时对此书的责编及其同事的工作表示感谢。全书由李梅提出整体思路和写作大纲，由李梅和心理学系教师郭冰冰、李红燕以及北京师范大学张树东教授共同撰写，最后由李梅统稿。具体分工如下：第一章、第二章由李红燕和李梅撰写，第三章、第五章和第九章由李梅撰写，第四章由郭冰冰撰写，第六章和第七章由李红燕撰写，第八章由张树东撰写。此外，陆雨芳同学参与了校稿工作，表现出色，在此对其表示感谢。

由于作者水平有限，书中若存在疏漏之处，希望广大读者批评、指正，以便能在今后的教学和修订中得以改正，日趋完善。

李梅
南京晓庄学院教师教育学院
2024 年 1 月

目录 CONTENTS

第一章 学习的概述 / 1
第一节 学习的含义 / 2
第二节 学习的类型 / 11

第二章 小学生认知学习的理论 / 21
第一节 学习理论流派的具体观点 / 22
第二节 学习理论流派的发展脉络 / 43

第三章 小学生的知识学习 / 51
第一节 知识的概述 / 52
第二节 知识的学习 / 56
第三节 掌握知识的过程 / 63

第四章 小学生的认知技能学习 / 73
第一节 认知技能概述 / 74
第二节 认知技能的学习 / 80
第三节 认知技能的应用 / 85

第五章 小学生的认知迁移学习 / 93
第一节 学习迁移概述 / 94
第二节 学习迁移理论 / 99

第三节 促进学习迁移的教学 / 101

第六章 小学生的学习策略 / 111

第一节 学习策略概述 / 112

第二节 认知策略 / 114

第三节 元认知策略 / 123

第四节 资源管理策略 / 126

第七章 认知学习的测量与评价 / 133

第一节 测量与评价的含义与分类 / 134

第二节 有效测量的特征 / 142

第三节 学业成绩测验 / 145

第八章 小学生认知学习的教学设计 / 163

第一节 教学设计概述 / 164

第二节 小学课程的教学设计 / 171

第三节 认知学习的学生活动设计 / 180

第九章 影响小学生认知学习的心理因素 / 189

第一节 学习动机 / 190

第二节 自尊 / 202

第三节 态度和品德 / 206

第四节 认知风格、人格和行为习惯 / 212

参考文献 / 219

第一章 学习的概述

扫码查看
本章资源

知识图式

- 学习的概述
  - 学习的含义
    - 学习的层次
      - 广义的学习
      - 人类的学习
      - 学生的学习
    - 认知学习
      - 认知学习的含义
      - 小学生认知学习的特征
      - 小学生认知学习的教学原则
      - 小学生认知学习的研究内容
  - 学习的类型
    - 学习主体分类
      - 动物学习
      - 人类学习
      - 机器学习
    - 学习结果分类
      - 言语信息
      - 智慧技能
      - 认知策略
      - 动作技能
      - 态度
    - 学习水平分类
      - 信号学习
      - 刺激—反应学习
      - 连锁学习
      - 言语联结学习
      - 辨别学习
      - 概念学习
      - 规则或原理学习
      - 解决问题的学习
    - 意识水平分类
      - 内隐学习
      - 外显学习
    - 学习方式分类
      - 接受学习
      - 发现学习
    - 学习条件分类
      - 机械学习
      - 意义学习
    - 学习内容分类
      - 知识的学习
      - 技能的学习
      - 行为规范的学习
    - 教育目标分类
      - 认知领域的学习
      - 情感领域的学习
      - 技能领域的学习

本章导学

学习是个体重要的心理现象,也是人类进步的阶梯。本章介绍关于学习的基本知识,内容包括各类学习的含义和学习的类型两大部分。学习的含义、学生学习的含义和小学生认知学习的含义需要通过掌握各自的特征理解深透;在学习的类型中,加涅的学习结果分类和学习层次分类、奥苏泊尔的学习方式分类和学习条件分类比较重要。本章作为全书的开篇,是本书重点内容之一。

学习目标

1. 解释学习的特征和学生学习的特征。
2. 区分学习行为与非学习行为。
3. 列出学习分类体系。
4. 举例说明学习的各种类型。
5. 阐述小学生认知学习的特征。

第一节 学习的含义

学习是个体重要的心理现象,对人类的生存与发展有着重要的意义。

一、学习的层次

学习是有层次的,分为广义的学习、人类的学习和学生的学习(狭义的学习)三个层次。

(一) 广义的学习

不同的学习理论对广义的学习有不同的界定。比较公认的观点是,广义的学习是指由练习或反复经验而引起的个体行为或思维的持久的变化。

1. 学习由练习或经验引起

这里的经验不是静态的知识经验,而是指动态的经历,即与社会生活相接触的过程。所以学习是由练习或经验引起,是指个体与社会、与生活和与自然中的各种现象相接触,不知道的知道了,不了解的了解了,认识逐渐深入,操作逐渐熟练等。学习的发生是学习主体与学习客体相互作用的结果。

中华人民共和国教育部制定的《义务教育语文课程标准(2022年版)》(以下简称《语文课程标准》)指出:"当今世界科技进步日新月异,网络新媒体迅速普及,人们生活、学习、工作方式不断改变,儿童青少年成长环境深刻变化,人才培养面临新挑战。"现实生活中,成人工作生活学习对网络和手机的使用,是儿童被手机、网络和游戏吸引的成长环境。儿童教育、人才培养必须基于环境的新特征采取新的方式方法。

据此,《语文课程标准》提出了指导思想:"聚焦中国学生发展核心素养,培养学生适应未来发展的正确价值观、必备品格和关键能力。"所以设计实现该指导思想的学习环境,是家庭教育和学校教育面临的重点问题。例如,如何将手机、网络和游戏的使用由学生的禁区变为学习客体,是当前教育方式优化的工作重点之一。

2. 学习引起了个体的变化

学习前后,个体的心理和行为产生差异是学习发生的重要证据。例如小鸟由不会飞翔到能在天空中翱翔;小学生由不识字到能读出公园的名字;女生学习了师范专业后,讲话声音变得洪亮。

3. 学习引起的变化是行为或者思维的变化

由学习引起的变化可能是外显的,如小学生由入学前的将铃声当作普通声音到入学后知道了铃声代表上课,并能做出进入教室、坐好等待上课的外显行为。

学习引起的变化也可能是内隐的,即学习引起的变化有时不能表现于外,因为其引起的是内部思维的变化,学生的学习尤其具有该特点。如小学生学习数学后,计算能力的变化能表现出来;但是数学课程培养的数理思维却在脑内发生,它在抽象思维中具有关键作用。个体思维的变化精妙且复杂,用语言无法描述其复杂程度,有些图式能让我们在一定程度上具身认知该种复杂性(见图1-1)。

具身认知

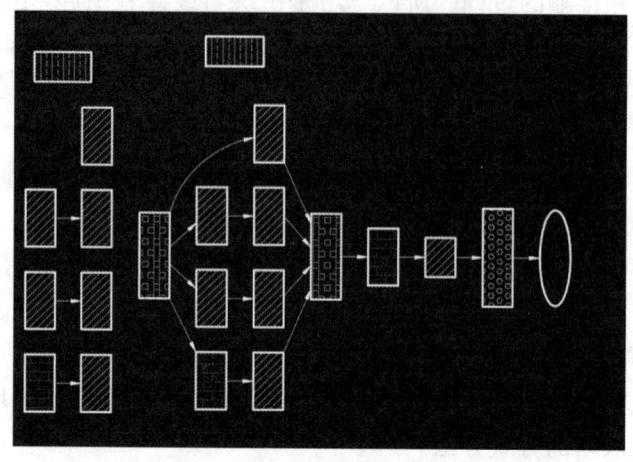

图 1-1 学习引起个体思维变化的认知图式

4. 学习引起的变化是相对持久的变化

学习的条件之一是学习引起持久的变化，即学习引起的变化在一段时间甚至终生存在。很多因素能带来行为与心理的变化，如疲劳、适应、酒精、疾病和药物等，但这些因素引起的变化与由学习引起的变化相比相对短暂，不是学习。例如，运动员服用兴奋剂后比赛成绩暂时提高；喝酒后人的反应变慢；人从暗处走到亮处视觉感受性降低；学生由于身体不适造成了某次考试成绩下降，等等。

学习引起的持久变化，影响深远。如在具体知识方面，小学阶段背过的部分古诗，以及小学阶段掌握的数学计算规则、语文的词法和拼音规则等终生不忘，影响个体的表达和交流。我国的课程标准认定，数学课程和语文课程的目标是形成数学素养和培养语言实践能力，并明确指出"进一步精选对学生终身发展有价值的课程内容"，所以义务教育阶段的学习必然引起学生持久的变化，甚至影响深远。

学习效应的持久性决定了教学的超前性，教学要超前规划、面向未来。

广义的学习认为学习为人和动物所共有，所以广义的学习包含动物的学习。这与教育的本质不同。教育是人类独有的社会现象，为人类所独有。

(二) 人类的学习

人类的学习是在大众共识的框架下，通过实际模仿和语言中介传承人类文明和创造文明的过程。与其他动物的学习相比,人类学习具有抽象性、社会历史文化性、第二信号系统的表征性、主观能动性和专门性。

(三) 学生的学习

狭义的学习即学生的学习,是在专门研制的框架下,由教师指导,有目的、有系统、有组织地学习间接经验,促进学生全面发展的过程。学生的学习是最典型的学习。义务教育课程标准体现了学生学习的特征,也是国家落实义务教育阶段专门学习活动的具体细则。

1. 学生的学习在专门研制的框架下进行

国家通过专门的研究,为学生的学习制定了科学的系统,学龄儿童以规范的形式接受规定的内容。各级各类学校的学生都必须在国家教育体制框架下学习。

2. 在教师指导下,有目的、有系统、有组织地进行

学生的学习以获得间接经验为主;学生的学习有专门设计的学制、课程与教材;有专业的教师;学习的是精选的内容,内容为人类文明的精华;最终达到教育目的。

3. 学习的目的是促进全面发展

学生的学习是有目标的,目标是促进学生的全面发展。既包括智力的发展、知识技能的发展;也包括解决问题的过程和方法的掌握,还包括情感、态度、观念的培养和良好行为习惯的形成;学习还要保障和促进道德和心理的健康。

4. 具有一定程度的被动性、强制性

学习是学生的专门活动,有些学生的学习是为了掌握生存和发展技能而学习特定的知识和专业技术的专门活动。同时学习也是社会对个体的要求,学习具有被动性和强制性。

专栏 1-1

学生学习的目的性、系统性和组织性: 义务教育小学数学课程标准内容目录

一、课程性质 ………………………………… 1
二、课程理念 ………………………………… 2
三、课程目标 ………………………………… 5

具身认知

　　(一) 核心素养内涵 ································· 5
　　(二) 总目标 ··· 11
　　(三) 学段目标 ····································· 11
四、课程内容 ··· 16
　　小学部分 ··· 17
　　(一) 数与代数 ····································· 17
　　(二) 图形与几何 ································· 27
　　(三) 统计与概率 ································· 36
　　(四) 综合与实践 ································· 42
五、学业质量 ··· 80
　　(一) 学业质量内涵 ······························ 80
　　(二) 学业质量描述 ······························ 80
六、课程实施 ··· 84
　　(一) 教学建议 ····································· 84
　　(二) 评价建议 ····································· 89
　　(三) 教材编写建议 ······························ 92
　　(四) 课程资源开发与利用 ··················· 96
　　(五) 教学研究与教师培训 ··················· 97
附录 ··· 99
　　附录1 课程内容中的实例 ················· 99
　　附录2 有关行为动词的分类 ············· 181

二、认知学习

认知学习的过程高级且复杂，并具有内隐的特点，是个体终身的学习形式，也是学生的重要学习形式，更是个体发展智慧的重要渠道。

(一) 认知学习的含义

认知学习的范围非常广泛、机制非常复杂高级。认知神经科学揭示了人的神经系统是复杂高级的认知机制，个体借助脑和神经的这些认知机制获得知识、掌握技能和制定策略是认知学习。因此认知学习可被简略地定义为，以获得知识、掌握认知技能和形成认知策略为目的的学习。

(二) 小学生认知学习的特征

小学生的认知学习是主要依赖认知过程的基本心理现象

和初级的认知机制获得知识、掌握认知技能和形成认知策略的相对简单的认知学习。数学课程标准指出："随着大数据分析、人工智能的发展,数学研究与应用领域不断拓展。"可见,相对于数学研究与应用的拓展领域,小学生数学的认知学习具有基础性。

小学阶段的认知学习,与其他阶段的认知学习相比,内容和过程相对简单,但与其他现象相比仍然是高级且复杂的心理现象。

1. 智力性

所有的智力因素都参与小学生的认知学习。智力因素通常包括记忆力、观察力、思维力、注意力和想象力等,这些因素构成了认知学习的操作工具,并形成操作系统。信息的获得、技能的掌握与策略的形成都在操作系统中完成。

但是,这些操作工具和操作系统各自都有着复杂的细化结构和精细的运作机制。如感知能力的整体性、恒常性、选择性和理解性等,观察力的精细性、完整性和敏捷性等,思维的深刻性、广阔性和批判性等,思维的分析与综合、比较与归类、抽象与概括、系统化与具体化等操作,记忆过程的环节和记忆系统的运行,记忆的敏捷性、持久性、准确性和准备性等,注意力的选择能力、集中度、分配性、广度和注意的转移等。这些基本心理现象的细化结构及其运作机制,都是智力的成分,决定着认知学习的品质和质量。所以智力是一个复杂的结构,小学生的认知学习同样很复杂,智力达到一定的水平是小学生认知学习的支持因素。

2. 层次性

认知学习的层次性是认知学习的静态特征,指信息可在不同水平上被加工。可以在知觉水平上也可以在思维水平上,可以进行具体形象的加工也可以进行抽象复杂的加工。

3. 整合性

整合性是认知学习的动态特征。认知学习作为智力活动通过内化与外化,最终形成指向于完成某一认知任务的统一的知识结构和系统的认知技能,达到整合的目的。

4. 建构性

认知学习是主客体相互作用的过程,人脑具有高度的自主性,即人脑并不是原封不动地复制客体信息。在与环境客体进行相互作用的过程中,个体的认知通过选择、理解和思维操作等,在经验的基础上生成自己的知识技能体系和操作系统,即自主建构。

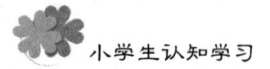

具身认知

5. 调节性

认知学习在元认知的监控与调节下完成基本操作和整合与建构。个体在学习的过程中,元认知同时评价并不断优化该学习过程即为元认知的监控与调节。元认知的监控和调节是内隐的操作,是复杂的高级心理现象。

小学生元认知的监控与调节遵循从无意识地运用到有意识地主动运用的发展规律。成人需要遵循该规律,过早或过多地进行元认知监控与调节会导致小学生对外部信息加工的低效甚至会产生心理问题。

专栏 1–2

小学生认知学习的层次性、整合性和建构性

小学 1～3 年级写作要求及作文技能

年级段	写作目的	写作内容	写作形式
一年级	对写话有兴趣; 能够把句子写完整、通顺。	通过看图、看影视节目、观察周围事物等,写几句完整通顺的话; 能运用生活中学过的词语造句,并根据表达的需要,学习正确使用句号、问号、叹号等符号。	看图写话; 用词造句; 仿句练习。
二年级	能乐于表达自己看到的、听到的、想到的事物; 能写几句连贯、通顺的话;能写留言条、请假条; 学写简单的日记。	从能看图并展开想象、观察大自然和周围的事物,写几句连贯、通顺的话,逐步向连句成段过渡; 能用几个词语写几句连贯通顺的话; 能写留言条、请假条;学写简单的日记。	看图写话; 观察日记; 用词造句; 连句成段; 结合阅读练习,仿写、续写。
三年级	乐于用书面语言表达自己的见闻、感受和想象; 能写内容比较具体的片段,修改明显错误的语句; 课内习作每学年16次左右,小练笔每学期30次左右,40分钟完成不少于250字的习作。	通过观察(抓住特点)写一段内容较具体的片段; 写下一段连贯的话,字数不少于300字; 能根据提供的词语展开想象,书写内容丰富的语段。	仿写练习; 连句成段; 修改练习; 结合阅读进行仿写、扩写、续写练习。

(三)小学生认知学习的教学原则

小学生认知学习的特点决定了小学教学有很多必须遵循的教学原则。

1. 认知学习任务与小学生的认知水平相匹配

认知学习的特征决定了思维力是认知学习的核心,不同年级的小学生思维的水平不同。低年级小学生的思维以具体形象思维为主,认知学习主要依靠形象思维进行操作。到了小学高年级,思维逐步向以抽象逻辑思维为主过渡。

所以在小学的教学中,要充分利用形象即直观教学促进小学生对知识和技能的理解和掌握。低年级小学生学习方法的选择和运用应注意直观形象性和游戏活动性。操作学习法、游戏学习法、竞赛学习法、故事描述法是组织和吸引低年级小学生积极、主动地学习的有效方法;中年级小学生学习方法的选择和运用应充分考虑机械识记法和意义识记法的交叉渗透、直观形象法和抽象逻辑法的自然过渡;高年级小学生学习方法的选择和运用,首先要注意发展思维的抽象逻辑性,其次要注意学习方法运用的综合性和独立自主性。

语文课程标准明确规定,语文课程是学习国家通用语言文字运用的综合性、实践性课程,要在真实的语言情境中学习;数学课程标准也强调数学源于对现实世界的抽象,要联系生活实际学习。该定性符合了"小学生以形象思维为主要操作方式"的特征。

2. 强化推理能力是小学教学的重要目标

虽然教学要重视通过学生的形象思维操作促进学生理解、掌握知识技能,但是教学的目标是培养抽象思维的推理能力。根据皮亚杰的理论,运算的水平是认知发展水平的标志,而运算通过抽象思维的推理实现,所以推理能力的发展是认知学习的重要条件,也是认知学习的目标。

教师必须重视学生推理能力的培养和训练,教学内容、教学方法、教学程序既要根据学生的推理能力水平设计,又要促进学生推理能力的发展;教师在总结性评价中要充分考虑学生推理能力目标的达成。

3. 教学要遵循小学生认知规律循序渐进进行

小学生的认知有其固有的规律,教学进程要遵循认知规律进行。小学生认知学习的信息加工从浅层向深层发展,信息加工依

靠直观经验,路径单一,结构简单,整合性、建构性与调节性还不完善,还未形成高度分化的认知结构。

我国语文课程标准根据小学生的认知规律规定了每个学段的要求;又将识字与写字、阅读与鉴赏、表达与交流、梳理与探究以梯级的形式分布到各学段内;还把需要完成的学习任务循序渐进地分布到各学段;而且还规定了每学期每个单元的要素。所以,作为教师,教学要紧密遵循课程标准的规定,以保证小学生的认知学习符合认知规律。

总之,当小学生对教学内容中某类问题的解决错误率比较高时,教师要考虑原因可能在于小学生的头脑中无相关的形象支撑逻辑,或者教学中联系实际生活事件环节缺失,或者推理能力培养延迟等,导致小学生无法理解和应用目前学习的知识与技能。

专栏 1-3

解题中体现的利用形象思维操作达到培养推理能力的目标

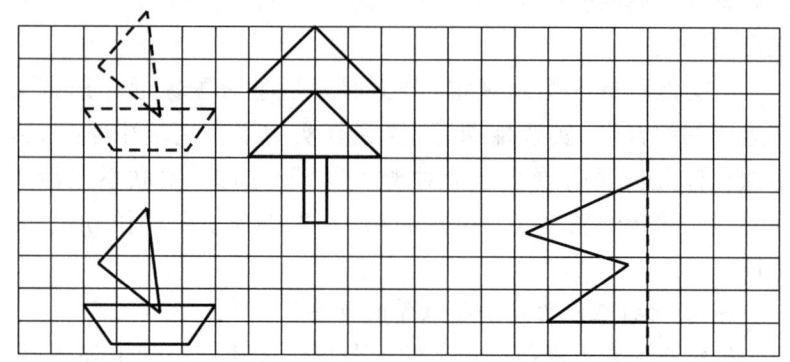

(1) 小船图向(　　)平移了(　　)格。

(2) 把小树图向右平移6个格。

(3) 画出图形的另一半,使它成为一个轴对称图形。

第一小题,是按照图片计算平移的格数,这涉及空间思维的能力;

第二小题,在第一小题的基础上,让小学生自己进行平移,并且用逻辑能力重新画出图案;

第三小题,轴对称图形考察的是一种空间逻辑推理能力,并且在绘画的过程中,也考察了手眼并用的技能。

（四）小学生认知学习的研究内容

小学生的认知学习为小学教师的科研活动提供了诸多研究主题。

除了研究第一层面的心理现象如观察、记忆、思维、想象和注意等以外，还可以研究内在认知过程细化的各个环节及其机制。如研究信息加工系统中的感觉记忆、工作记忆、长时记忆的运行及其具体规律或者其中存在的问题及其解决；研究三种记忆结构中的注意、编码、提取、遗忘等信息加工过程和规律及其在小学生中的表征等。

还可以研究小学生的学习现象。小学生认知学习现象的研究包括儿童在学校学习的认知规律，如学生习得概念、策略、问题解决、迁移等的过程、条件和规律；儿童在学习过程中相关能力的形成规律；学业成败的影响因素；学习信念及其对学习的影响；儿童认知学习规律在学科学习中的体现和应用等，另外还可以研究针对认知学习的教育教学策略等。

第二节　学习的类型

学习是比较复杂的活动，根据不同的标准可以分为不同的类型。不同类型的学习无优劣之分，但每种类型的学习有其适用的条件，选择与之相适应的教学方法有利于产生好的教学效果。忽视不同类型的学习的特点进行的教学，难以产生好的学习效果，如把品德教育当作知识教学，将需要内化的品德用死记硬背的方式教学；在数学教学中只讲答案不讲授找到答案的思维过程等。因此，掌握学习的分类对教与学都极其重要。

专栏1-4

学习分类的重要性

纵横图，即所谓的幻方。汉朝郑玄的《易纬注》及徐岳的《数术记遗》中记载的"九宫算"即三阶幻方，千百年间一直蒙着神秘的色彩；后来杨辉见一孩童解九宫题，即把1到9的数字分三行排列，

不论直着加,横着加,还是斜着加,结果都是等于15。孩童的先生只知道《数术记遗》一书中有:"九宫者,二四为肩,六八为足,左三右七,戴九履一,五居中央。"按照类似的规律,杨辉创"纵横图",不仅给出了这些图的编造方法,而且对一些图的一般构造规律有所阐述,打破了幻方的神秘性。杨辉阐述规律为:九子斜排,上下对易,左右相更,四维挺出。并在所著《续古摘奇算法》上卷中呈现了多种多样的图形。

这个故事中,教书先生把智慧技能的学习(见加涅的学习结果分类)当作言语信息的学习,不能像杨辉那样得到许多类似的图。可见,学习分类的必要性。

一、学习主体分类

根据学习主体的不同,学习可分为动物学习、人类学习和机器学习。

(一)动物学习

动物通过经历改变自己的行为以适应环境,称为动物学习。早期的观点认为,动物的行为是本能行为;目前科学界提出,随着动物的进化,动物的学习行为增多,本能行为减少。

(二)人类学习

人类学习是在大众共识的框架下,通过实际模仿和语言中介传承人类文明和创造文明的过程。人类学习包含着对人类文明的传承与创造,动物学习与人类学习无法比拟。

(三)机器学习

智能机器在运行时与外界操作拟合而改变或形成了运行模式,称为机器学习。机器学习主要表现在计算模式的形成和计算性能的阈限方面。如计算机与计算机主人的操作的拟合度高,节奏协调,而非主人使用该计算机感受到节奏不协调,证明机器有学习。阿尔法围棋(AlphaGo)与柯洁的围棋大战表明机器有学习(图1-2所示)。

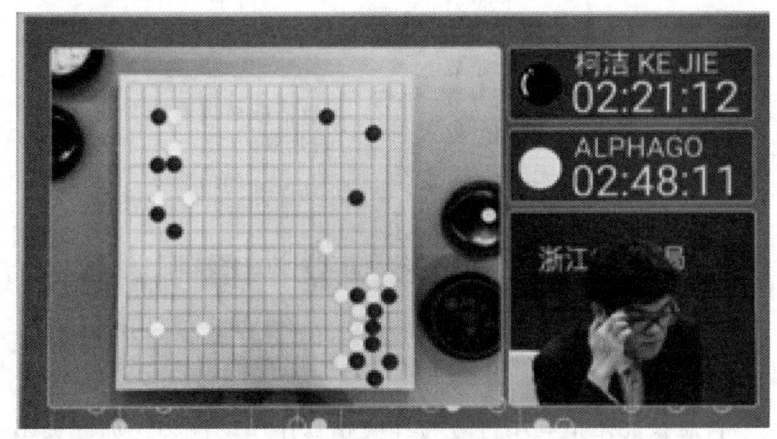

图 1-2 AlphaGo 与柯洁的围棋大战

精加细工

二、学习结果分类

根据学习结果的不同,加涅将学习分为言语信息、智慧技能、认知策略、动作技能和态度五大方面。

(一) 言语信息

言语信息是指学习陈述性知识并学会陈述。具体包括以下内容:

1. 符号记忆

符号记忆是指学习人类发明的代表事物的符号,例如学习加减号、字母、数字、单词和名称等。

2. 事实的知识

学习事实的知识是传承人类认识的结果,即接受人类认定的事实作为知识。如地球有自转和公转、中国的首都是北京、遵守上课的规则是正确的、英语的语法规则、汉语的语法规则等。

时间线
事件线

3. 有组织的整体知识

有组织的整体知识指学科的系统知识。学生学习的大部分知识都是有组织的整体知识,如图 1-3 中所示的实数的知识。

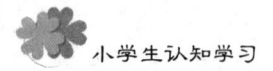

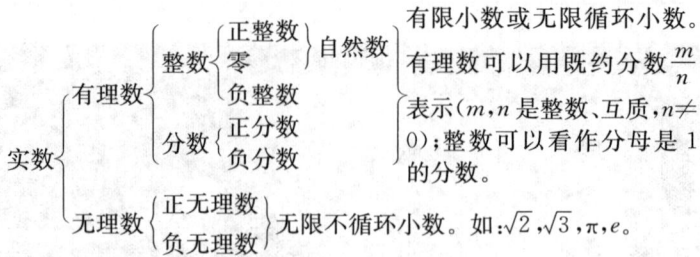

图 1-3 学生学习的是有组织的整体知识

(二) 智慧技能

智慧技能是指利用符号与环境相互作用的能力。加涅提出，其学习水平分类的各种学习都是智慧技能，是从输入的学习到输出的解决问题的进程。

加涅的智慧技能层次论把智慧技能分为五个大类，具体内容如下。

1. 辨别

辨别指区分类似事物的不同。既包括掌握事物间的区别也包括认识事物之间的联系。如区分"等边三角形"与"等腰三角形"，既要掌握它们的相同点，即同属于三角形、都具有三角形的特点；还要掌握它们的不同点，即等边三角形三条边长都相等、三个角的度数都相等，等腰三角形只有两个边相等、两个角度数相等。

2. 具体概念

具体概念是将事物的表面特征进行归类而形成的概念。具体概念是形成抽象概念的基础。例如从许多词语中把事物和人的名称选择出来归为一类，并称之为名词。

3. 定义性概念

定义性概念是将具体概念进行抽象概括而形成的关于事物的本质和内在联系的规范概念。如名词的定义性概念，名词是实词的一种，常用来表示人、事物、地点或抽象概念的统一名称。

4. 规则

规则是指概念与概念之间的关系，一般以原理的形式出现。例如因数与最小公倍数的关系原理。

5. 高级规则

高级规则是指将若干简单规则组合而形成新的规则。例如运用三角形的面积计算公式以及勾股定理等多个规则求直角三角形的面积。

专栏 1-5

小学数学规则学习的内容

在小学数学规则的学习中,从规则水平的角度,主要有一级运算规则(加减运算)的学习和二级运算规则(乘除运算)的学习,还有简单的三级运算规则(主要是二次或三次乘方运算)的学习;从涉及对象的角度,主要是整数和小数的四则运算规则的学习和简单的乘方运算规则的学习,也包含简单的分数四则运算规则的学习;从运算形式的角度,主要有口算、笔算和估算(有时也包括珠算)等的学习;从学习目标的角度,主要有运算规则的理解与掌握,以及运算技能和运算策略的初步形成。

(三) 认知策略

认知策略是学习者用以支配自己的注意、学习、记忆和思维的内在的有组织的能力。这种能力使得学习过程的执行控制成为可能。如文章阅读时,需要调动自己的注意力,调整思维的广阔性、停顿重复的时间点和空间点以及监控记忆的深度等。

(四) 动作技能

动作技能指通过练习获得的、按一定规则协调自身肌肉运动的能力。例如跳高、打篮球、踢足球、做操等。个体获得某种动作技能,不但指能完成某种规定动作,而且指个体能将这些动作组织起来,构成连贯的、准确的和符合规则的行为系列。

(五) 态度

态度指个体习得的对人、对事、对物和对己的反应倾向,表现为影响个体对人、对物或对事件的选择倾向。如华生的恐惧实验中,小阿尔伯特形成的对毛茸茸的狗、海豹皮大衣,甚至戴着白色棉花胡须的圣诞老人面具的人的远离反应。

加涅的学习结果分类中,言语信息、智慧技能与认知策略属于认知领域的学习,另外还有动作技能领域的学习与情感领域(态度)的学习。

 小学语文课堂教学实录(节选)

【在线案例】

三、学习水平分类

根据学习层次(水平)的不同,加涅将学习分为信号学习、刺激—反应学习、连锁学习、言语联结学习、辨别学习、概念学习、规则或原理学习和解决问题的学习八大类。

(一) 信号学习(S—R 的学习)

信号学习指学习符号所代表的意义,建立符号与含义之间的联系。在学习水平分类整体中,信号学习是复杂程度比较低的学习,比较简单。小学生听到上课铃声,立刻进入教室,是信号学习;识字、认识数学符号是信号学习。

(二) 刺激—反应学习(R—S 的学习)

刺激—反应学习指在一定的刺激情境中做出适宜的反应并得到强化,从而建立起运用自己的行为去获得自己想要的结果之间的联系。桑代克迷箱实验中的猫从笼中逃出,是刺激—反应学习。在课堂上,小学生回答问题后受到老师表扬,此后更加积极回答问题,也是此类学习。

(三) 连锁学习

连锁学习指学会接受一个刺激即能做出一系列反应。如体育课上的花样跳绳,教师发出开始的指令后,学生即做出一系列的动作,交换不同的样式跳绳等;学生看到整数、分数和小数构成的四则混合运算题后,开始运用综合计算技能解决问题,即运用各种规则、原理和计算方法做出一系列反应,进行先做乘除后做加减、先做括号内的再做括号外的等系列操作。

(四) 言语联结学习

言语联结学习指将单个的字词联结为符合语法规则的有意义的命题,实现以语言为载体的学习。例如字和词的形、声、义的联结,对句子的理解,造句等。

(五)辨别学习

辨别学习指学习对一系列类似的刺激做出分别适当的反应。例如,辨别同音异义字、选择适当的字填空等。

(六)概念学习

概念学习指掌握一类事物的共同属性,并对同类事物的本质特征做出抽象反应。如小学数学中掌握"三角形"的定义,就是概念学习。

(七)规则或原理学习

规则或原理学习指学习两个或两个以上概念之间的关系。这是对概念间关系的认识与理解。如小学中语文的语法规则、数学的计算规则等的学习。

(八)解决问题的学习

解决问题的学习指学会在新的情境和条件下,运用规则或原理解决问题,为改造自然、创造文明做准备。这是最高层次的学习,是对各门课程的基本规则和综合规则的进一步运用。既包括解决学业中的问题,也包括解决现实生活中的问题,还包括产生前所未有的产品,即进行创造。

在我国教育体制中,小学低年级,信号学习比例比较高。但是这对于小学生来说并不简单,因为这是从不懂学习到懂学习的过程。因为小学生掌握知识比较少,机械学习所占比例比较高,只是依靠单纯重复,这限制了一些小学生的思维,所以一些小学生在小学低年级表现出了低学业成绩。随着年级升高,知识增多,意义学习所占比例逐渐提高,此时有些小学生的学习成绩水平会发生变化。

专栏1－6

小学生的学习与加涅的学习层次分类

原有	66条	( )台	67个	( )本	74把
卖出	40条	40台	( )个	20本	14把
剩下	( )条	20台	7个	8本	( )把

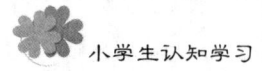

雪糕	冰牛奶	蛋筒
每箱（　）根	每箱24瓶	每箱5筒
8箱	6箱	（　）箱
200根	（　）瓶	800筒

1. 低年级小学生做数学题时需要依靠实物图片；高年级小学生做数学题可以慢慢接受应用题的方式，可依靠语言表述。

2. 低年级小学生做的是加减法的数学题；高年级小学生做的是乘除法的数学题。

3. 低年级小学生对于单位的理解有限，在学习数学题时，单位要统一；高年级小学生对于单位的理解能力提高很多，能够解决多个单位的问题。

四、意识水平分类

根据学习的意识水平的不同，学习可分为内隐学习和外显学习。

 内隐学习和外显学习

【知识点】

五、学习方式分类

美国心理学家奥苏伯尔根据学习方式的不同将学习分为接受学习和发现学习。

接受学习指教师根据学生的特点讲授人类积累的知识的精华，学生主动地采用一定的策略内化知识并解决问题的过程。发现学习指教师设置问题情境，学生自己探索、自己发现原理和规律，从而学得知识的过程。

六、学习条件分类

根据学习依赖的主要条件不同，奥苏伯尔将学习分为机械学习和意义学习。

机械学习的条件是重复。机械学习是因为材料本身无意义或者材料本身有意义但是学习者不理解材料的意义而依赖重复进行

的学习。意义学习的条件是理解。意义学习是在学习者理解了材料的本质或内在联系的基础上进行的学习。如老师要求小学生抄写生字10遍,以加深印象。某学生开始时一个字一个字地抄写,写了5遍后他换了个花样的写法:先写每个字的第一笔,写5次,再写每个字的第二笔,写5次……该生的做法只是机械地完成了任务,加工水平较低,并不利于生字的学习。

将奥苏伯尔两种维度上的学习整合,结合为四种学习。奥苏伯尔主张学生的学习应该是有意义接受学习,因为学生的学习是理解和接受人类已经积累的知识的精华,目的是在短时间内学得大量系统的知识,然后以之为基础进行创造和解决更多人类面临的问题。有意义接受学习的特点是能够高效获得知识,与学生学习的目的符合。

七、学习内容分类

根据学习内容的不同,我国学者冯忠良将学习分为知识的学习、技能的学习和行为规范的学习。

知识的学习一般指学习陈述性知识和学习程序性知识;技能的学习指熟练掌握内隐的智力操作方式和外显的肌肉动作操作方式;行为规范的学习是指个体将社会规则内化为自己的行为准则的过程,行为规范的学习也称为品德学习,是比较难的学习。

八、教育目标分类

布鲁姆的教育目标分类也是学习的分类。布鲁姆将教学要实现的整体目标分为三个领域,即三种学习。

认知学习包括知识、领会、运用、分析、综合和评价;情感学习包括接受、反应、价值化、组织、价值与价值体系的性格化;技能学习包括知觉、定向、有指导的反应、机械动作、复杂的外显反应、适应和创新。

本章小结

学习是指个体由于练习或反复经验而引起的行为或思维的持久的变化。小学生的认知学习是主要依赖认知过程的基本心理现象和初级的认知机制获得知识、掌握认知技能和形成认知策略的相对简单的认知学习。认知学习的主要特征是智力性、层次性、整合性、建构性和调节性。认知学习是小学生的重要学习形式,是个

体发展智慧的重要渠道。小学生的认知学习具有从具体形象思维向抽象逻辑思维过渡的特点。小学教学应依据小学生认知学习的特点设计。心理学关于学习类型的探索为小学教学设计提供了有益的角度和策略。

思考与练习

1. 结合本专业小学教学实际阐述,如何理解学习的含义及如何判断学习是否发生?

2. 什么是小学生的认知学习?结合本专业小学教学,阐述小学生认知学习的特征。

3. 选定一个语文要素或者数学、科学等本专业课程的一类问题,阐释小学课程标准的层次性。

4. 如何理解小学生认知学习的总体教学原则?

5. 谈谈本专业小学三年级课程的哪些内容符合加涅的学习结果分类中的各种学习。

6. 设计语文的一个要素或者数学、科学等课程的一类问题的教学,体现加涅的学习水平分类的作用。

7. 比较加涅的学习结果分类、布鲁姆的教育目标分类和我国的三维课程目标。

8. 结合奥苏伯尔对学习方式的分类,谈一谈你对"学生最理想的学习方式是有意义的接受学习"这句话的理解。

第二章 小学生认知学习的理论

扫码查看
本章资源

知识图式

小学生认知学习的理论
- 学习理论流派的具体观点
  - 经典条件反射理论：暂时神经联系的建立，S—R
  - 操作性条件作用理论：R—S(强化)的联结
  - 社会学习理论：观察学习，替代性强化
  - 联结试误说：尝试、排除错误
  - 认知顿悟说：知觉重组、突然领悟
  - 认知目的说：S—O—R
  - 信息加工学习理论：学习和教学阶段
  - 布鲁纳的认知发现学习理论
  - 奥苏泊尔的有意义接受学习理论
  - 建构主义学习理论：知识观、学习观、学生观
- 学习理论流派的发展脉络
  - 学习理论的发展历程总结
  - 学习理论流派的立场与分歧概述

本章导学

学习理论百家争鸣。动物实验和人类学习的研究为学习理论的百花齐放提供了实证支持。行为主义学习理论(巴甫洛夫、华生、斯金纳、班杜拉、桑代克)、认知主义学习理论(托尔曼、苛勒、加涅、布鲁纳、奥苏泊尔)和建构主义的学习理论博大精深,基于其代表人物观点的关系对照学习,更有利于加深对学习理论的理解。学习理论对于学习的本质、过程和条件的论述,构成了我国中小学学生学习和教师教学的方法论基础。

学习目标

1. 形成学习理论的认知地图。
2. 学会陈述学习理论的实验过程。
3. 掌握各学习理论的核心观点。
4. 能陈述学习理论间的联系和区别。
5. 能运用学习理论分析学习现象。
6. 能运用学习理论指导小学教学。

第一节　学习理论流派的具体观点

学习理论试图解释学习的性质是什么、学习是如何发生的、学习的内在规律如何、学习的具体过程怎样、如何进行有效的学习等问题。对于学习的性质、过程和条件等的不同认识,形成了不同的学习理论流派。

本章打破大多按流派介绍的体系,而以对照的方式来阐述各个学习理论流派的观点,以促进更好地理解学习理论。

一、条件反射理论与社会学习理论

条件反射理论包括经典条件反射理论和操作条件反射理论,两者与社会学习理论均为行为主义学派的理论。

（一）经典条件反射理论

经典条件反射，最初由俄国生理学家巴甫洛夫（见图2-1）提出并做了详细研究。

1. 巴甫洛夫以狗为研究对象的经典条件反射实验

巴甫洛夫做了著名的实验。在实验前，为了方便观察，他首先在狗的腮上开了小孔，将一根细细的导管安装在狗的一侧唾液腺上。当狗吃食物分泌唾液时，一部分唾液通过导管流出，使实验者能观察到唾液分泌反应（见图2-2）。

图2-1 巴甫洛夫

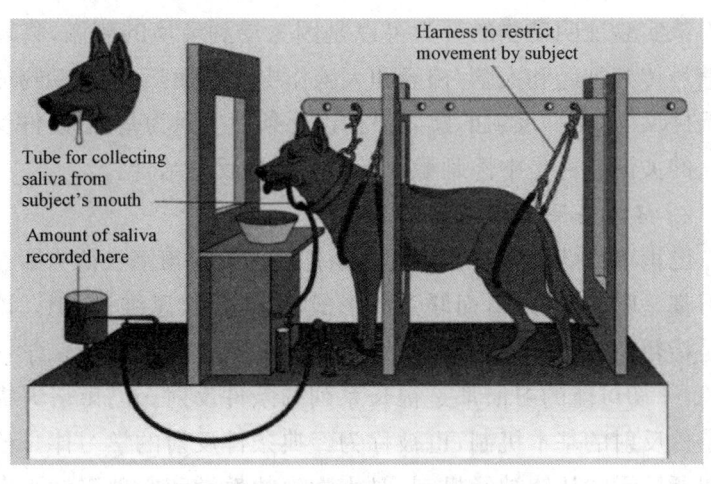

图2-2 经典条件反射的实验装置

在每次喂食物前主试先呈现刺激（铃声、口哨声、节拍器声、音叉声、灯光等）后给食物。以铃声为例，实验开始时，铃声并不能引起分泌唾液的反应，连续几次摇铃给食物之后，主试摇铃但不喂食，狗也分泌唾液。据此巴甫洛夫提出，铃声与食物多次先后呈现后，原来不能引起狗的反应的"铃声"引发了狗的唾液分泌反应，这种现象是条件反射。

在该实验中，食物天生就能引起唾液分泌，食物是无条件刺激，食物引起唾液分泌是无条件反射；实验前，铃声本来与唾液分泌无关，所以称为中性刺激；实验后，铃声也能引起唾液分泌，条件

反射建立,铃声从中性刺激变为条件刺激,铃声引起唾液分泌是条件反射(见图2-3)。

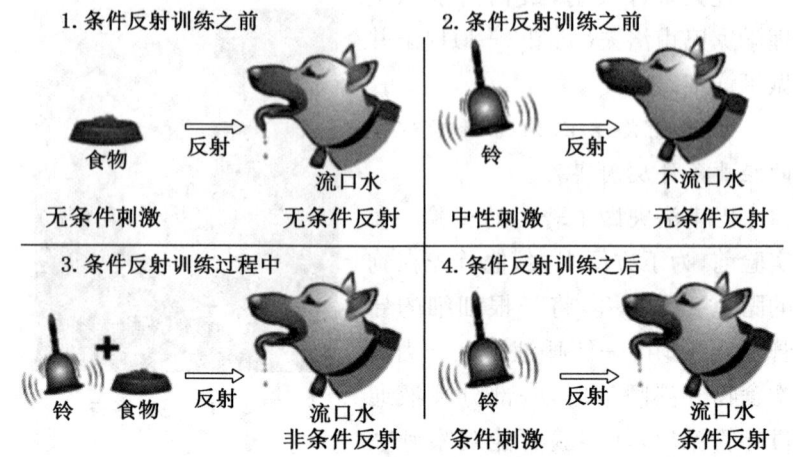

图2-3 条件反射形成的过程

该实验证明动物的行为可以是因为受到环境的刺激,将刺激的信号传到神经和大脑,神经和大脑作出反应而产生的;动物能建立条件反射;条件反射的建立最初以无条件反射为基础;条件反射建立的关键条件是中性刺激与无条件刺激反复结合。

2. 经典条件反射的学习定律

巴甫洛夫认为学习就是建立条件反射。巴甫洛夫认为所有的学习都是联系的形成,而联系的形成就是思想、思维、知识。该联系是指暂时神经联系。巴甫洛夫还认为,我们的一切培育、学习和训练,一切可能的习惯都是很长系列的条件反射。巴甫洛夫提出了条件反射的基本机制,也被称为经典条件反射的学习律。该学习律所揭示的认知神经机制,对小学生的教学和心理咨询均有特别重要的意义。

(1) 条件反射的获得。将无关刺激与无条件刺激多次结合呈现,可以获得条件反应和加强条件反应。如将声音刺激与喂食结合呈现给狗,狗便会对声音做出唾液分泌反应,建立条件反射。巴甫洛夫认为条件反射的获得是大脑皮层建立暂时神经联系的过程。

(2) 条件反射的消退。条件反射建立后只呈现条件刺激不再呈现无条件刺激,已形成的反应会逐渐消失。如听见铃声会产生唾液分泌的狗,在一段时间只听到铃声而得不到食物后,对铃声不再产生唾液分泌反应。

巴甫洛夫认为,消退是因为在大脑皮质中已经可以产生兴奋过程的条件刺激,变成了引起抑制过程的刺激,是兴奋向抑制的转化,这种抑制称为消退抑制。巴甫洛夫指出,消退抑制是大脑皮质产生的主动抑制,而不是条件刺激和相应的反应之间的暂时联系已经消失或中断。条件反射的恢复说明条件反射的消退不是已形成的暂时联系的消失,而是暂时联系受到抑制。消退发生的速度的规律是,条件反射越巩固,消退速度就越慢;条件反射越不巩固,就越容易消退。

(3) 条件反射的恢复。将已消退的条件反射放置,一段时间不做实验,或者一段时间后将条件刺激与无条件刺激先后呈现,条件反应也会微弱出现,这被称为自发恢复。如狗形成了对铃声刺激分泌唾液的反应后,当多次响铃不给食物,条件反应会消退,但过一段时间后,铃声再出现时,狗仍然会有微弱的唾液分泌。自发恢复后,继续不予无条件刺激,条件反射才会彻底消退。

(4) 条件反射的泛化。条件反射的泛化是指条件反射建立后,与原刺激相似的刺激也可能引起同样的反应。例如狗对铃声产生唾液分泌反应后,对近似铃声的声音也会产生反应。例如用 500 Hz 的音调与食物相结合来建立唾液分泌条件反射,在实验的初期阶段,许多其他音调同样可以引起唾液分泌条件反射,只不过它们与 500 Hz 的音调差别越大,所引起的条件反射效应就越小。

(5) 条件反射的分化。分化是与泛化互补的过程。分化指对相近似的刺激分别做出正确的反应。分化使类似却不相同的刺激可以得到辨别。例如,只将条件刺激(500 Hz 的音调)和食物先后呈现,而对近似的刺激不与食物先后呈现,这样泛化反应就会逐渐消失。动物只对该刺激(500 Hz 的音调)产生唾液分泌条件反应,而对其他近似刺激则产生抑制效应。

(6) 多级条件反射。条件刺激并不限于听觉刺激。一切来自体内外的有效刺激(包括复合刺激、刺激物之间的关系及时间因素等)只要与无条件刺激在时间上结合,都可以成为条件刺激,形成条件反射。一种条件反射巩固后,另一个新刺激与条件刺激相结合,还可以形成第二级条件反射。同理可以形成第三级条件反射、第四级条件反射,最终建立多级条件反射。

巴甫洛夫的实验及其条件反射理论对世界产生了极大的影响。在俄国心理学界,以经典条件反射为基础的理论在相当长的

具身认知

时间内占统治地位；而其对心理学界最突出的贡献是，心理学家华生以巴甫洛夫的实验及其条件反射理论为基础创立了行为主义学派，开始主张一切行为都以经典条件反射为模式。

扫码查看 巴甫洛夫的经典条件反射的应用

【素材文件】

（二）操作性条件作用理论

操作性条件作用，由美国行为主义心理学家斯金纳（见图2-4）提出并做了详尽研究。操作性条件作用这一概念，是斯金纳新行为主义学习理论的核心。

1. 斯金纳对行为的分类

斯金纳将行为分为两类：一类是应答性行为，指由特定的、可观察到的刺激所引起的行为，如在巴甫洛夫的实验中，食物、灯光、声音等是可观察到的刺激，其引起的狗分泌唾液的反应就是应答性行为。另

图2-4 斯金纳

一类是操作性行为，也称自发性行为，指没有可觉察到的外来刺激条件下的有机体的行为，操作性行为的概念由斯金纳提出。从两种行为的比较来看，应答性行为是被动的，完全受外在刺激的控制，如在巴甫洛夫的实验中狗除了做出分泌唾液反应外，不能做任何其他反应，也不能凭自己的动作来获得其他的刺激。而操作性行为则是有机体为适应环境而主动发起的行为，主要受自身而不是已知的刺激控制。

斯金纳认为人类的大多数行为是操作性行为或者是操作性行为的变种，如看书、打球等。在学习情境中，操作性行为更有代表性。

2. 斯金纳以小白鼠为研究对象的操作性条件作用实验

扫码查看 强化——塑造你的行为

【微课视频】

斯金纳用小白鼠为对象,设计了实验装置,被称为"斯金纳箱"(见图2-5),进行了操作性条件作用实验。

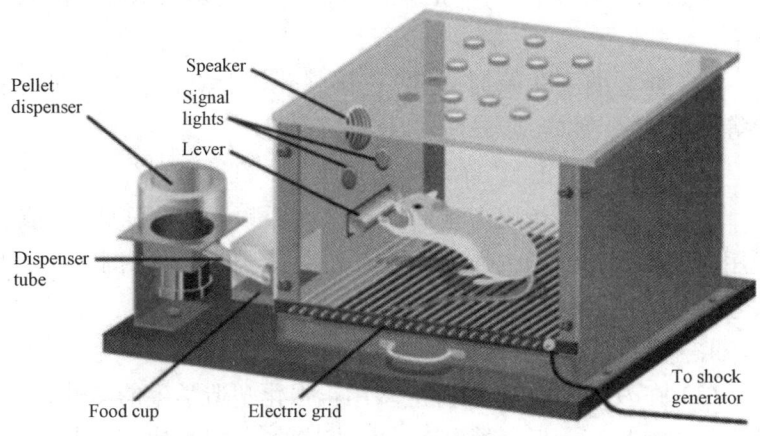

图2-5 斯金纳箱

斯金纳把一只饥饿的小白鼠放进实验装置,起初小白鼠自由地在箱子里摸索。在一阵无目的的自由探究后,小白鼠偶然地碰压了箱子里的操纵杆,于是一粒食物丸迅速掉进了食槽。在这样的几次偶然之后,实验者发现,小白鼠会有意识地去按压操纵杆以获得食物。根据该实验过程,斯金纳提出了操作性条件作用原理。

扫码查看　经典条件反射与操作性条件作用的异同

【知识点】

3. 操作性条件作用的原理

动物的反应不是由已知的某种刺激引起;操作性行为(按压操纵杆)是获得刺激(食物)的手段,食物起到的作用是强化,食物是强化物。食物使按压操纵杆的行为保存下来,所以操作性条件作用的原理是强化。在斯金纳的操作性条件作用理论中,强化起着关键的作用。因此斯金纳的理论也称为强化论。

斯金纳认为人的大部分行为是操作性行为。他认为"教育就是塑造行为"。复杂的行为可以通过强化塑造。塑造是指教师或其他指导者通过强化学生的每一步主动操作,成功地引导学生达到最终目标。塑造是程序教学的依据。

(1) 强化指有机体做出行为后出现的刺激,增强了该行为再次发生的概率。

正强化指呈现个体想要的、愉快的刺激来增强反应发生的概率。

负强化指通过消除、中止厌恶的、不愉快的刺激来增强反应的概率。

（2）斯金纳主张及时强化、直接强化、间歇强化和非固定强化等。

（3）斯金纳提出了"普雷马克原理"即"祖母原则"。

普雷马克原理指用高频的活动作为低频活动的强化物,或者说用学生喜爱的活动去强化学生不喜爱参与的活动。例如吃了青菜才能出去玩,背完单词才能打游戏。

4. 操作性条件作用原理在小学教学中的应用

（1）在教学过程中,教师应多用正强化塑造学生的良性行为。学生做出良性行为后,教师应马上、直接给予奖励、表扬,使该行为保持下去,即及时强化。

（2）教师应采用消退的方法,即不予以强化的方法消除消极行为。对于一些故意引起老师、同学注意的违纪行为,不做出反应是较好的方法。

（3）教师应慎用惩罚。因为惩罚并不总是有效,不能使行为永久性改变和根除,只能暂时抑制。

扫码查看 斯金纳的"育婴箱"和程序教学

【知识点】

（三）社会学习理论

班杜拉(见图2-6)以儿童为研究对象研究了儿童社会性行为(主要是攻击行为和亲和行为)的习得,提出了观察学习的概念。

1. 班杜拉对学习的分类

班杜拉区分了两种学习:观察学习和亲历学习。

观察学习,有时也被称为替代学习,指通过观察环境中他人的行为及其结果而进行的学习。班杜拉认为儿童社会性行为的习得主要是

图2-6　班杜拉

通过观察、模仿现实生活中重要他人的行为完成。任何有机体观察学习的过程都是在个体、环境和行为三者的相互作用下发生，行为和环境可以通过特定的组织来加以改变，三者对于儿童行为塑造产生的影响取决于当时的环境和行为的性质。

班杜拉将通过自己反应的结果获得的学习称为亲历学习。他认为，反应结果之所以能够引起学习，取决于人们对反应结果的功能性价值的认识。首先，反应结果对反应主体具有信息价值。由反应结果引起的学习实际上是一个持续不断的双向作用过程：个体从反应结果中获得关于结果与反应之间关系的认识，据此不断改善和提高自己的行为技能。所以亲历学习也是一个信息加工过程。而且在亲历学习过程中，个体学会的是有关行为的抽象规则，而不是具体的反应方式。其次，反应结果对反应主体具有动机功能。个体在行动之前，会预期行为的未来结果，这种预期通过符号形式表征于个体当前的认知表象中，并转化为当前行为的动机。所以，在亲历学习中，反应结果主要是作为居先的而不是后继的决定因素发挥作用。

综上所述，班杜拉将由反应结果引起的亲历学习和由示范作用引起的观察学习统一起来，比较好地解释了学习过程，由此被人们称为著名的新行为主义者。

2. 班杜拉以儿童为研究对象的观察学习实验

班杜拉以儿童为被试，让儿童观察年长儿童的行为及其结果，研究了儿童的观察学习。班杜拉实验的第一个环节，让被试儿童通过单面镜进行观察。让第一组儿童看到一个年长儿童进入房间，对房间内的充气娃娃作出敬礼、拥抱、握手等亲和行为；让第二组儿童看到年长儿童对充气娃娃作出种种攻击行为，如拳打脚踢。然后让被试儿童进入房间，结果是，看到亲和行为的被试也会对娃娃做出亲和行为，看到攻击行为的儿童也会对娃娃做出攻击行为。

班杜拉实验的第二个环节，将3至6岁的儿童分成三组，首先让所有被试儿童看到年长儿童对充气娃娃作出种种攻击行为。第一组看过攻击行为后即结束；让第二组儿童看到该年长儿童攻击娃娃后被另一成年人表扬和奖励(果汁与糖果)；让第三组儿童看到该年长儿童攻击娃娃后受到另一成年人的批评。然后让被试儿童进入房间。结果表明，看到"榜样人物"的攻击行为受批评的第三组儿童，同控制组儿童相比，对娃娃的侵犯行为显著减少。看到"榜样人物"的攻击行为受到奖励的第二组儿童，对娃娃的攻击行

为比较严重。

班杜拉根据该实验提出了观察学习和替代性强化等概念。替代性强化指因奖励他人（榜样）的行为，观察者的相应行为得到增强。观察者看到他人的行为受到惩罚，则会预期替代性惩罚，抑制相应的行为。

3. 观察学习的过程

班杜拉认为观察学习包括注意、保持、生成和动机四个学习子过程。

（1）注意过程。注意过程是对示范行为的知觉，是指学习者对被观察的对象的特征有选择的观察。注意是观察学习发生的前提条件。被示范的对象或活动的特征和学习者自身的特征共同影响选择性注意的效果。

（2）保持过程。保持过程是对示范信息的存储，是指用形象编码和语义编码两种形式将观察到的信息转化为符号的形式并贮存在长时记忆中。班杜拉认为，可以通过认知复述和动作演练两种形式促进保持。

（3）生成过程。生成过程是指将符号化的内容转化为相应的行为。生成过程也称动作复现过程，是从记忆向行为的转变。

（4）动机过程。生成过程的从符号到行为，实质是再现示范行为。能够再现示范行为之后，学习者是否能够经常表现出示范行为还受到行为结果因素的影响。行为结果因素主要包括三个方面：他人对示范行为的评价；学习者本人对自己再现行为能力的评估；他人对示范者的评价。班杜拉把这三种对行为结果的评价分别称之为直接强化、自我强化和替代强化。班杜拉认为这三种强化都是制约示范行为再现的重要驱动力量。因此，班杜拉把它们看作是学习者再现示范行为的动机力量。

班杜拉认为动机过程可能贯穿于全部观察学习过程中。

4. 强化方式

按照班杜拉的理解，对个体行为的强化有三种方式。

（1）直接强化。直接强化是指个体因自己行为的后果而受到的强化。例如，学生在课堂上回答了一个比较难的问题，得到了教师的表扬，这促使学生继续努力学习，争取解答更多的难题。

（2）替代强化。替代强化是指个体因榜样人物的行为及其结果而受到的强化。如在上述例子中，旁观者听到教师对回答比较难的问题的同学的赞扬，也受到激励，更加努力学习。

（3）自我强化。自我强化是指个体根据自己的判断标准对自己的行为表现进行的强化。自我强化参照的是自己的期望和目标，个体自身的判断标准基于自己对社会标准的理解而产生。例如，学生通过努力学习，自身能力提高，自己感到更胜任学习或者工作，决定奖励自己去看一次世界杯足球决赛。这类自我安排的奖励，起到增强行为的作用。

在班杜拉看来，个体能通过观察他人的行为得到某种认知表象，来指导自己的外部行为，使自己有效且高效地完成行为。因此，观察学习与斯金纳的强化有着本质的区别。

班杜拉认为，强化影响行为以个体的认知为中介。班杜拉提出人们通过与环境相互作用，不只是发出反应，而且体验到结果。他们通过观察可能来自一定情境中的行为结果的规律性，从而形成信念，并相应地调节自己的行为。当信念与现实不一致时，行为受其实际后果的影响甚微；直至通过重复经验发现比较现实的预期，行为才受其实际后果的影响；当个体依据错误的信念行动时，信念能改变个体的行为方式，从而按错误信念的方向塑造社会现实。可见，信念这一整合的心理现象对个体影响的复杂性也值得教师注意。

扫码查看　用观察学习理论的观点分析现象

【在线案例】

二、联结试误说、认知顿悟说与认知目的说

学习的联结试误说向学习的认知顿悟说的转化，体现了对于学习的认识从联结主义的"S—R"联结到认知学派的"S—O—R"联结的过渡。学习既有试误过程也有顿悟过程。

（一）桑代克的联结试误说

桑代克（见图 2-7）是美国极有声望的心理学家，他受达尔文进化论的影响，认为人类由动物进化而来，动物和人一样进行学习，只是复杂程度不同。他从 1896 年起对动物的学习进行实验研究，提出了学习的联结理论。

图 2-7　桑代克

1. 桑代克的迷箱实验与联结试误说

"迷箱"(见图 2-8)门外放着食物,把饥饿的猫关进"迷箱"里,猫或咬或抓或撞,试图逃出迷箱。终于,它偶然碰到踏板,门闩被拉起,门被打开,猫逃出箱外吃到了食物。多次实验后,饿猫的无效动作越来越少,开门用时逐渐缩短,最后一入迷箱就会立即按踏板打开门,获得食物,代表学习已经发生。

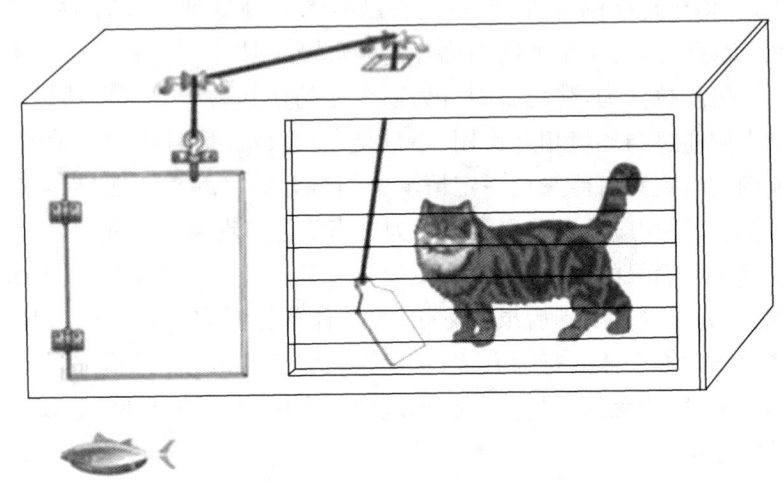

图 2-8 桑代克实验用迷箱

猫学会了开门就是迷箱作为刺激与按踏板这一反应之间建立了联结。桑代克提出学习的实质在于形成刺激—反应的联结。而且提出,联结是直接的、不需要中介的作用,此为联结说;根据实验中猫学会开门的具体过程,桑代克提出试误说。猫通过不断尝试、逐渐排除错误的动作,保留成功的反应,使无效的反应逐渐减少,正确的反应逐渐增多,最终学会了开门,体现了学习是"尝试—错误"的过程。

2. 联结试误说的学习定律

桑代克根据其动物心理实验的发现,提出了有关人类学习的三条主要规律。

(1) 准备律

准备律不是指学习前的知识准备或成熟方面的准备,而是指学习者在学习开始前的心理预备定势。学习者对刺激作出的反应与是否已有准备有关。如果迷箱里的猫不是饥饿的而是已经吃饱了,它可能只睡觉而不会学习如何逃出迷箱。

简而言之,联结的增强和削弱与学习者的心理调节和心理准备有关。如果学习者有准备,并按其准备发生,学习者就会产生满足感；如果有准备而没有按其准备发生，就会产生烦恼感；如果没有准备而强制其活动，就会产生厌恶感。该定律强调了学习开始前的心理准备的作用。

（2）练习律

桑代克认为，练习次数的数量，影响刺激和反应之间联结的稳固程度。练习律又分为应用律和失用律。应用律是指一个联结的使用（练习）会增加这个联结的力量。失用律是指一个联结的失用（不练习）会减弱这个联结的力量或使之遗忘。

（3）效果律

被试对刺激做出反应后，如果伴有满足被试的奖励，刺激与反应之间的联结会变得更牢固。桑代克认为，行为是否会被"记住"，行为是否会与刺激建立起联系，取决于该行为的后果。当建立了联结时，导致满意后果（奖励）的联结会得到加强，而带来烦恼效果（惩罚）的行为则会被削弱或淘汰。

（二）苛勒的认知顿悟说

认知顿悟说的代表人物是格式塔心理学派创始人之一——苛勒。1913 年至 1917 年期间，苛勒在特内里费岛上根据黑猩猩学习实验结果提出顿悟说。其专著《人猿的智慧》是格式塔心理学的代表性著作。

1. 苛勒的解决问题实验

苛勒在高高的天棚上悬挂香蕉，饥饿的黑猩猩上蹿下跳无法拿到香蕉。这时，黑猩猩停了下来。后来突然一跃而起，拿起窗边的竹竿或者箱子拿到香蕉，从而问题得以解决。所以解决问题的关键是猩猩发现窗边的竹竿或者箱子与解决问题之间的关系。发现关系代表着黑猩猩对整体的知觉，即格式塔。实验中问题设置了不同的难度：黑猩猩使用棍子够到香蕉；要将几根棍子接到一起才可以够到香蕉；黑猩猩不得不先用一根短棍子将长棍子拿到，然后才能够拿到香蕉；黑猩猩必须把木箱叠在一起才可以够到香蕉等（见图 2-9）。

图 2-9　苛勒的解决问题实验

具身认知

2. 苛勒的认知顿悟说

(1) 学习过程是顿悟的过程

苛勒提出,黑猩猩早期的尝试不能解决问题,解决问题的关键是突然领悟了问题与情境、问题与可利用的因素之间的关系,即棍子、竹竿或箱子和解决问题之间的关系,所以学习是顿悟的过程(见图 2-10)。

图 2-10 顿悟过程

(2) 顿悟是知觉重组过程

格式塔心理学认为,顿悟就是对问题情境的突然理解而觉察到问题的解决办法。黑猩猩解决问题过程中动作停顿时,思维正在进行知觉的重组。完成了知觉重组,突然理解了目的和手段(工具)或条件之间的关系,找到解决问题的方法。顿悟的过程就是相应的格式塔的组织(或构造)过程或形成内部格式塔的主动活动过程,也就是学习过程。因此,格式塔学派认为,学习过程是一种积极主动的过程,而不是盲目的、被动的试误过程。

扫码查看 试误与顿悟是对立的吗?

【素材文件】

(三) 托尔曼的认知目的说

托尔曼(见图 2-11),美国心理

图 2-11 托尔曼

学家,新行为主义的代表人物之一。他在行为主义的刺激—反应模式的基础上提出了中介变量,即"S—O—R",O 为认知和目的,故他又被称为认知行为主义者。

1. 托尔曼的迷宫实验

托尔曼理论的支持实验是小白鼠走迷宫的方位判断实验。

如图 2-12 所示,迷宫有一个出发点、一个食物箱和三条长度不等的从出发点到达食物箱的通道。实验开始时,将小白鼠置于出发点,然后让它们自由地在迷宫内探索。一段时间后,检验它们的学习结果。检验时,将它们置于出发点,并对各通道做一些处理,观察它们的行为。结果是,若三条通道畅通,小白鼠选择通道 1 到达食物箱;若 A 处堵塞,小白鼠选择通道 2;若 B 处堵塞,小白鼠选择通道 3 到达食物箱。

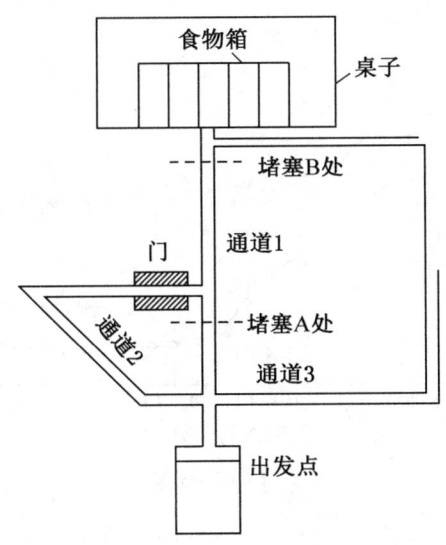

图 2-12 小白鼠走迷宫的方位判断实验

2. 托尔曼的认知目的说

托尔曼认为:① 学习是有目的的行为,不是盲目的行为。② 学习是对"符号—完形"的认知。小白鼠在学习方位迷宫图时,并非学习一连串的刺激与反应,而是在头脑中形成一幅"认知地图",即"目标—对象—手段"三者联系在一起的认知结构。学习不是简单的机械的运动反应,而是学习"达到目的的符号"及其所代表的意义。③ 在外部刺激(S)和行为反应(R)之间存在中介变量(O)。托尔曼主张将行为主义"S—R"公式改为"S—O—R"公式,中介变量 O 主要指认知和目的。强调认知和目的在解决问题中的作用。

具身认知

3. 潜伏学习

1930年托尔曼等人采用实验的方法,研究了小白鼠走迷宫的方位判断实验中食物对学习的作用。他将小白鼠分为三组:A组是始终受奖励组(每天给食物);B组是始终不受奖励组(不给食物);C组开始10天不给食物,第11天才开始给食物奖励。A与B均为控制组,C组为实验组。

实验结果(如图2-13所示),A组有食物奖励,减少错误比B组快;但C组从给食物奖励开始,减少错误比A组更快。由此得出结论:C组在前10天的练习中虽无食物奖励,但小白鼠探索了迷宫的每一部分,因此在头脑中形成了认知地图,学习已经发生但未表现在外部行为中,学习是潜伏的。托尔曼把这种现象称为潜伏学习,潜伏学习是指没有强化学习也会发生,只是学习过程及其效果不明显。

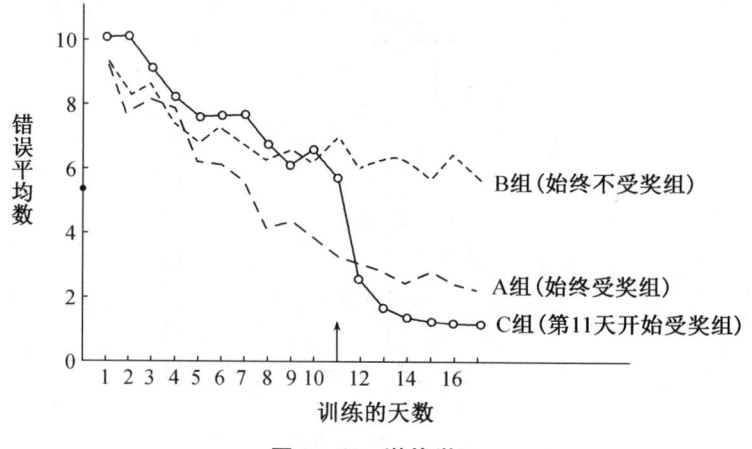

图2-13 潜伏学习

三、信息加工学习理论

现代认知学习理论可分为两大阵营:一大阵营是在计算机科学影响下产生的信息加工理论,另一大阵营是受皮亚杰认知发展理论影响而形成的认知建构理论。

美国教育心理学家加涅(见图2-14)是信息加工心理学派的代表人物,提出了著名的信息加工学习理论,解释了大部分课堂学习,并提出了切实可行的教学操作步骤。

图2-14 加涅

（一）加涅的学习过程

加涅认为学习过程是对信息的接受和应用的过程，学习是主体与环境相互作用的结果。

加涅根据信息加工理论提出了学习过程的基本模式，认为学习过程就是一个信息加工的过程，即学习者对来自环境刺激的信息进行内在的认知加工的过程，并具体描述了典型的信息加工模型（见图2-15）。

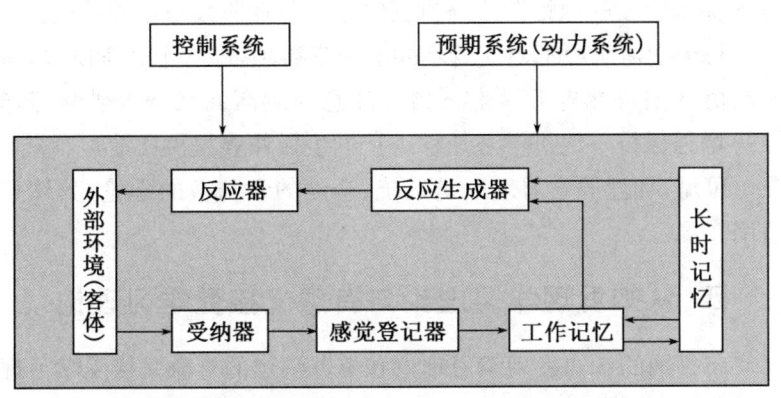

图2-15 加涅的学习与记忆的信息加工模型

学习过程包括操作系统、期望事项与执行控制。

操作系统即信息加工系统。首先，环境中的刺激作用于主体的感觉器官，感受器将刺激转变为神经冲动并进行感觉登记。感觉登记是非常短暂的记忆存储，一般在百分之几秒内就可把来自各感受器的信息登记完毕；其中被注意或选择性知觉的信息进入短时记忆，信息在短时记忆中可以持续二三十秒。短时记忆的容量很有限，是5~9个组块。一旦超过了这个数目，新信息的进入就会使原有的信息被遗忘。短时记忆的信息欲继续保持，需要采取复述策略。但复述只能有利于进一步保持信息，并不能增加短时记忆的容量；长时记忆是永久性的信息储存库，当需要使用信息时，需经过检索提取信息。被提取出来的信息可以直接通向反应发生器，从而产生反应，也可以再回到短时记忆，对该信息的合适性做进一步的考量。结果可能是进一步寻找信息，也可能是通过反应发生器作出反应。

期望事项是指学生期望达到的目标，即学习的动机。正是因为学生对学习有某种期望，教师给予的反馈才会具有强化作用。换言之，反馈之所以有效，是因为反馈能肯定学生的期望。

执行控制系统决定了从感觉登记进入短时记忆的信息的数量、进行编码的方式和提取策略等。近些年,执行控制的研究比较深入。

期望事项与执行控制在信息加工过程中起着极为重要的作用,两者影响信息加工过程的所有阶段。

(二)加涅的学习阶段与教学阶段

加涅提出的八个学习阶段:动机阶段→领会阶段→习得阶段→保持阶段→回忆阶段→概括阶段→作业阶段→反馈阶段。

每个学习阶段都对应着不同的教学事项,即八个教学阶段:激发动机→把目标告诉学生→指导注意→刺激回忆→提供学习指导→增强保持→促进学习迁移→让学生做作业提供反馈。

可见,加涅的学习理论是系统、全面的学与教的理论,具体且适用。

四、认知发现学习理论与有意义接受学习理论

布鲁纳的认知发现学习理论和奥苏泊尔的有意义接受学习理论是著名的认知学习理论。

(一)布鲁纳的认知发现学习理论

第二次世界大战后,随着现代科学技术的发展,特别是现代科学方法论的发展,诸如系统论、控制论和信息论等被引入心理学研究,在心理学中出现了"认知革命"。与此同时,美国教育界正在进行课程改革运动。在此背景下,布鲁纳的发现学习理论应运而生。

1. 学习是主动地形成认知结构

布鲁纳(见图2-16)认为学习是一个认知过程,是学习者主动地形成认知结构的过程。布鲁纳的认知学习理论建立在人类学习研究的基础上,其认知是抽象思维水平上的认知。

布鲁纳认为,学习是学习者主动地参与获得知识,主动对进入感官的信息进行选择、转换、存储和应用的过程。即学习者能积极主动地选择知识、内化知识和改造知识,不

图2-16 布鲁纳

是知识的被动接受者。布鲁纳认为学习包括三个几乎同时发生的过程：新知识的获得、知识的转化和知识的评价。这三个过程实际上就是学习者主动地建构新认知结构的过程。

2. 教学在于理解学科的基本结构

（1）教学的目的在于理解学科的基本结构

学科基本结构就是一门学科的基本概念、基本原理、基本态度和基本方法。布鲁纳认为，学生掌握了学科基本结构，就会在头脑中形成相互联系的知识整体，促进认知结构的形成。

（2）发现学习的教学原则

布鲁纳提出了掌握学科基本结构的四条原则。

动机原则。内部动机是维持学习的基本动力：包括好奇内驱力（求知欲）、胜任内驱力（成功的欲望）和互惠内驱力（人际关系的需要）。三种内部动机效应持久、有自我奖励的作用。

结构原则。结构原则指呈现给学生的知识必须是有结构的，可以用动作、图像和符号三种形式呈现。

程序原则。程序原则是指引导学生有条理地陈述系列性问题和掌握大量结构性知识，以提高知识的掌握、转化和迁移能力。

强化原则。强化原则是指通过强化使学生学习。教师应重视反馈、强化的作用。

精加细工

时间线
事件线

3. 发现学习法

布鲁纳认为"发现是教育儿童的主要手段"，学生掌握学科的基本结构的最好方法是发现法。发现就是"用自己的头脑亲自获得知识的一切形式"。发现学习法是指学生利用教材或教师提供的条件自己独立思考、自行发现、掌握原理和规律。布鲁纳认为，教学不应当使学生处于被动地接受知识的状态，而应让"学生自己把事物整理就绪，使自己成为发现者"。

发现法的一般步骤是：

（1）提出和明确使学生感兴趣的问题；

（2）使学生对问题体验到某种程度的不确定性，以激发探究的欲望；

（3）提供解决问题的各种假设；

（4）协助学生搜集和组织可用来作结论的资料；

（5）组织学生审查有关资料，得出应有的结论；

（6）引导学生运用分析思维去验证结论，最终解决问题。

具身认知

专栏 2-1

发现学习:小学课堂教学常用的组织形式——环套式的组织形式

环套式的组织形式指教师通过编制一整套的、系统的、层层递进式的问题(问题情境),引导学生不断地去探索、发现,直至问题的解决。

例如,在课堂上学习两位数乘法(例题:17×32)时,教师可以通过下列一组问题来引导学生思考:① 17×32 表示什么?能否用算式表示? ② 第一步先算什么?为什么先算 17×30? ③ 再算什么?两个结果怎样相加? ④ 怎样用竖式相加?为什么这样是正确的?有什么规律?

(二)奥苏伯尔的有意义接受学习理论

奥苏伯尔的有意义接受学习理论,也称为认知同化论。

奥苏伯尔对学习进行了分类,从学生学习的性质、方式上将学习分为接受学习和发现学习;从学习内容与学习者认知结构的关系上将学习分为有意义学习和机械学习。奥苏伯尔认为学校中的学习应该是有意义的接受学习和有意义的发现学习,但他更强调有意义的接受学习。

1. 有意义学习的实质和条件

(1) 有意义学习的实质

有意义学习就是以符号为代表的新概念与学习者认知结构中原有的适当观念建立起非人为的实质性的联系(见图 2-17)。

(2) 有意义学习的条件

主观条件:

① 学习者必须具有有意义学习的心向;

② 学习者认知结构中必须有适当知识,并与新知识有联系;

③ 学习者积极主动地使新知识与原有的认知结构相互作用。

客观条件:

① 学习材料必须有意义;

② 材料的难度在学习者的理解范围内。

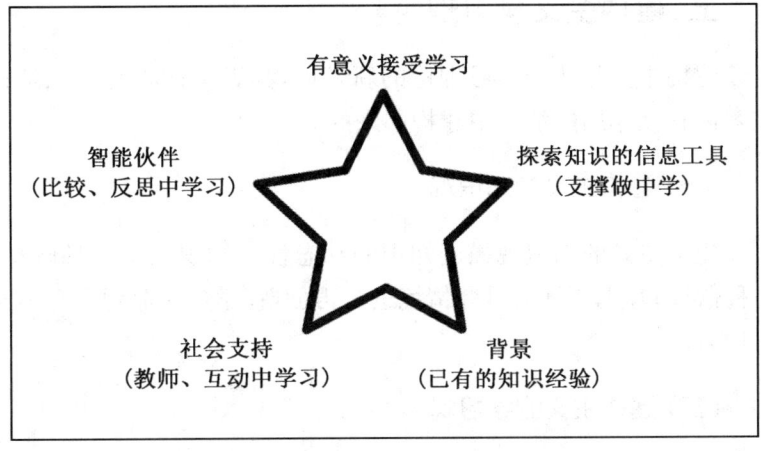

图 2-17 小学生的有意义接受学习图式

2. 接受学习

接受学习是指教师通过直接呈现或传授知识及其意义,学生通过新旧知识之间的相互作用来获得新知。奥苏伯尔认为学生的主要学习方式是接受学习。接受学习的特点是能在短时间内学得大量系统的知识。

3. 有意义接受学习的教学原则

(1) 逐渐分化:指首先学习内容广、概括水平高的一般观念,然后学习概括水平低的、具体的知识。

(2) 整合协调:对已有知识重新加以组织,形成整合的知识体系。

4. 认知结构同化论

奥苏伯尔解释了学习的机制,提出了认知结构同化理论。

(1) 认为有意义接受学习的内部机制是同化,同化是新知识通过与已有认知结构中的起固定作用的知识或观念建立实质性和非人为的联系,被纳入已有的知识结构中去。

(2) 同化的三种方式:下位学习、上位学习和并列结合学习。

(3) 先行组织者策略。即先行于某个学习任务本身呈现的引导性学习材料,在认知结构中起固定作用。它的抽象概括水平高于学习任务,又能将学习者已有的知识与需要学习的新内容联系起来,它是已有知识与新学习内容间的桥梁。

【在线案例】 扫码查看 有意义接受学习理论在小学教学中的应用

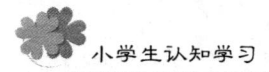

五、建构主义学习理论

建构主义是认知学习理论的新发展,其思想核心是知识是在主客体相互作用的活动中建构起来的。

(一)建构主义的知识观

建构主义的知识观强调知识的动态性。知识只是一种解释、一种假设;知识要针对具体情境进行再创造;学生对命题会有不同的理解。

(二)建构主义的学习观

建构主义的学习观内容丰富,主要包括主动建构性、社会互动性和情境性。

1. 学习的主动建构性

学习不是由教师向学生传递知识的过程,而是学生主动建构知识的过程。学习者不是被动的信息接收者,而是主动的信息建构者。学习者综合、重组、转换、改造头脑中的已有知识,解释新问题,最终生成个人的意义。

2. 学习的社会互动性

学习是通过对某种社会文化的参与而内化相关的知识和技能的过程,这一过程通过学习共同体的合作和互动完成。

3. 学习的情境性

学习应该与情境化的社会实践活动相联系。

(三)建构主义的学生观

建构主义的学生观强调丰富性、差异性。

1. 学生经验世界的丰富性

学生不是空着脑袋走进教室,学生有巨大的潜能;教师应尊重学生,鼓励学生。

扫码查看 《鱼就是鱼》的故事与建构

【案例分析】

2. 学生的差异性

学生经验世界不尽相同,但是经验世界的差异是宝贵的学习资源。教师要承认差异性和重视差异性。

第二节 学习理论流派的发展脉络

学习理论流派之争繁荣了学习理论,各流派关于学习的观点有理、有据、有意义。通过研究诸多理论的关系,可以概括出学习理论流派的发展脉络。

一、学习理论的发展历程总结

1879年,冯特在德国莱比锡大学创立了心理学实验室,采用实验内省法进行心理学研究,标志着心理学的独立。

心理学诞生之初,心理学家有关学习的研究并未立即繁荣起来。直到19世纪后期,德国心理学家艾宾浩斯率先用严谨的实验方法研究了个体的记忆与遗忘,此后学习的研究蓬勃兴起,产生了多种学习理论流派。

(一)初创时期(20世纪20年代以前)

19世纪末20世纪初,心理学家桑代克在1903年出版了《教育心理学》一书,是西方第一本以"教育心理学"命名的专著,桑代克因此被称为"教育心理学之父"。他的饿猫学习实验推动了动物学习行为的研究,促进了心理学学习理论的发展。

时间线
事件线

(二)发展时期(20世纪20年代至50年代末)

20世纪30年代,学习理论吸取了儿童心理学和心理测验方面的成果;苛勒的理论对动物解决问题研究起到了引领作用。20世纪40年代,有关儿童个性和社会适应等问题进入研究范畴。20世纪50年代,斯金纳的程序教学和教学机器兴起。

(三)成熟时期(20世纪60年代至70年代末)

20世纪60年代,布鲁纳发起了课程改革运动,掀起"人本主义思潮";罗杰斯提出"以学生为中心"的主张,认为教师只是一个"方便学习的人"。

20世纪70年代,奥苏伯尔以认知的观点阐述了有意义学习的条件;加涅对人类的学习进行了系统的分类和研究。随着计算机的普及,计算机辅助教学受到重视。这一时期是教育心理学学科体系基本形成的时期。

（四）完善时期（20世纪80年代后）

20世纪80年代后，学习理论体系完整，内容丰富，注重教学与实践相结合；1994年，布鲁纳总结了20世纪80年代以来的成果，提倡学习理论应开展主动性研究、反思性研究、合作性研究和社会文化研究。

二、学习理论流派的立场与分歧概述

研究者基于所处的立场不同形成了自己的流派，各流派之间有一定的逻辑联系，部分学派之间也有相反的观点，表现出分歧。

（一）冯特的观点与艾宾浩斯的记忆实验的矛盾

1879年，德国心理学家冯特首先采用实验内省法研究心理现象，促进了心理学研究的实证化，使心理学研究方法走向科学，促成了心理学的独立。冯特因此被尊崇为科学心理学之父。但是冯特认为高级的心理现象不能采用实验法进行研究。

1885年，德国心理学家艾宾浩斯采用实验法研究了人的学习过程，做了著名的记忆研究实验，该实验采用重学法（也称节省法），采用无意义音节为学习材料。他以自己为被试，最后绘制了遗忘曲线（见图2-18），得出了遗忘规律。所以后人尊崇艾宾浩斯为实验学习心理学的创始人。

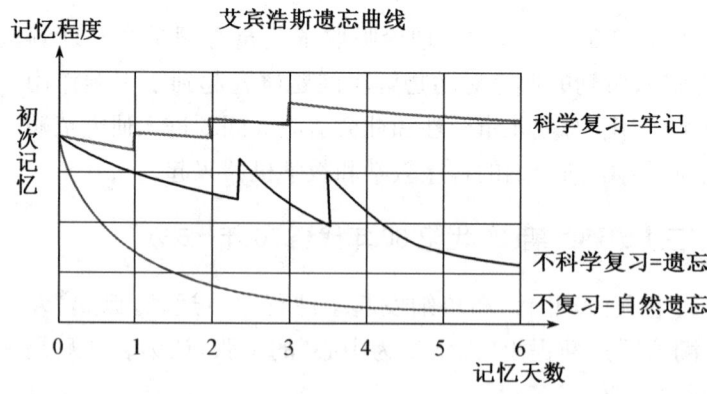

图2-18　艾宾浩斯遗忘曲线与复习

艾宾浩斯关于记忆的研究意义非凡,因为艾宾浩斯在通常研究者把意义看成人类学习最重要的固有特征的情况下,将单纯的学习与意义的干扰因素区分开来,使研究者们建立了分离各种因素进行实验,研究记忆、思维等高级心理现象的设计模式。其绘制的遗忘曲线得出的遗忘规律对于学习、复习的指导意义至今仍然有效。

(二)苛勒的顿悟说和桑代克的试误说关于解决问题的对立

1903年至1911年间,桑代克通过动物解决问题实验完善了学习的试误说。试误说强调尝试各种方法,排除错误的、找到正确的方法解决问题,建立问题与方法的联结。因此,桑代克被称为联结学习理论的代表人物、教育心理学之父。

1913年至1917年,苛勒通过黑猩猩解决问题实验论证了学习的顿悟说。苛勒强调试误说不能解决问题,人类的心理功能体现在处理整体上,即格式塔;人脑通过理解事物间的结构和关系突然找到解决问题的方法。苛勒成为格式塔学派在学习研究方面最有成就的代表人物。

二十世纪二三十年代,在格式塔心理学的影响下,问题解决成为学习研究的核心,超越了知识和技能获取的简单研究。

(三)皮亚杰与维果斯基理论的思维逻辑性的共通

1937年,瑞士认识论学者皮亚杰在巴黎举行的国际心理学会议上提交了关于儿童具体运算和运算的整体结构的论文。1970年皮亚杰完成了比较成熟的巨著《发生认识论》,其内容阐述的是关于儿童智力发展的阶段,阶段分类依据是思维的逻辑性的水平,即运算。皮亚杰对理解学习的最重要的贡献是提出了儿童学习知识的内在过程,具有深刻性和本质性,所以被尊崇为儿童发展心理学的巨匠。皮亚杰提出,心理的发展是通过同化(个体在已有的心理图式中纳入新因素)和顺应(若新的输入与已有的心理图式不兼容,则改变已有的心理图式来容纳新因素)与环境保持平衡,从而构建自己的意义的过程;皮亚杰还提出了心理学界比较早的认知结构图式,并论述了几种认知技术,而且深入区分了认知技术中的增长、变化或重构之间的差异,理论的深刻性前所未有。

其用于解释学习过程的概念如图式与认知学派的认知结构、同化与认知学派的同化理论、顺应与建构主义的建构,均有内在的逻辑联系。所以,皮亚杰的理论具有认知的逻辑和建构的意向,为

认知主义学派和建构主义学派奠定了基石。

皮亚杰认为,心理发展的四个阶段不是后天习得的,儿童随年龄增长自然地发展其运算能力。据此,后人认为该观点可能推导出结论:教学和教育在本质上不能加速个体的心理发展。

苏联心理学的文化—历史理论的代表人物维果斯基,其观点与皮亚杰的观点有共同点又有区别。

维果斯基同样重视思维对心理发展的重要意义,与皮亚杰的重视思维的逻辑性的发展相近,维果斯基特别强调思维与语言在心理发展中的作用。他认为人类的学习能力基本上是在人类的种系发展、实践工具的使用和高级心理功能的发展(如意识、语言和理解)中塑造而成的。维果斯基的"最近发展区"理论,为教师引导儿童学习划定了区域,是新学习形成的标志。

维果斯基的理论强调社会、文化、历史因素对心理发展的影响。他认为心理发展的本质是社会性。学习被看成与学校和教学密切相关,即能力的发展是在指导和支持下发展的,并不是学习者自身的自然获得。这与皮亚杰的观点不同。

维果斯基的理论也为建构主义奠定了基础,他也因此成为建构主义的先驱。

(四) 行为主义的不断发扬光大

行为主义心理学派由华生于 1913 年创立。华生的基本观点是,只有进行直接观察和测量的研究才是科学的。所以意识、意义和情感等被排除在外,行为主义对学习的研究只聚焦于刺激与反应。该立意使行为主义理论通俗易懂,也使行为主义的学习方法易学好用;华生的行为主义使心理学客观化,促进了心理学的发展,使行为主义理论主导心理学界将近 60 年。但是其模式的简单化远远无法与人心理的高级和复杂相匹配。

1938 年至 1960 年间,斯金纳大胆改变行为主义前人的研究模式,提出操作性条件作用论。斯金纳认为,人类的行为是由人类机体和环境之间的相互作用决定,不存在个人自由,而且学习完全依赖于输入。他把这种思想归结为学习是一个技术问题。人受外部的影响控制,学习和教学就是获得和运用最合适的输入和控制。据此,学习者的情感、动机和主动性被忽视,教学完全被视为一个技术问题。斯金纳的学习模式研究排除了对诸如个人发展、意义、理解、身份、希望、关怀、爱、社交等品质的关注。

斯金纳使行为主义理论在心理学界的主导地位一时间达到顶

峰，本人也成为行为主义的集大成者。

20 世纪 70 年代，班杜拉对行为主义的学习理论进行了进一步的扩展，提出了社会学习理论，核心是观察学习。班杜拉摆脱传统行为主义的理论框架，在传统行为主义的直接强化之外提出了"替代强化"，这意味着强化并不总是一个直接的过程，也可能通过社会模仿间接发生。可见班杜拉再一次发扬光大了行为主义学习理论，因此也被誉为新行为主义者。

行为主义的绝对独特视角，使心理学成为大众认可的科学，被大众理解、接受和运用；行为主义也拓展了心理学的研究思维，改变了对心理学研究的理解，为从多角度研究心理学拓宽了道路。

（五）加涅、布鲁纳和奥苏伯尔的内在认知过程

20 世纪 60 年代，加涅创造性地指出了行为主义和格式塔心理学之间的联系，他不仅是认知心理学的初始形式——信息加工心理学的早期代表，而且对于学习的研究系统且丰富。他的记忆系统理论揭示了大脑的信息加工过程，开启了对心理的内部认知探索；其对学习的各种行为类别进行的层级划分，并将解决问题置于最顶端，以及其根据学习的结果对学习进行的分类，尤其是其对学习过程和教学阶段的研究，既体现了理论的深度，又实现了理论的实践意义。

加涅的信息加工理论和学习理论完全走到了行为主义的对立面，真正研究学习的内在过程，对个体的认知进行探索，实现针对学习的心理研究。

认知心理学家布鲁纳承担的教学改革促成了"科学课程"和发现学习。其强调了解基本结构和更多学生活动的重要性，这无疑是一个超越行为主义理论走向内在认知的重要举措。其主张的发现学习，证明其对学习的研究已经不只侧重心理本身，而注重心理的功能。他同时强调了学习对个体的重要性和教学对学习的重要意义，增强了具体的学习方法和教学方法视角的研究。

美国认知心理学家奥苏伯尔强调学习的最重要条件是学习者已经学到的知识，认为学习是将新知识与现有的认知结构联系起来。奥苏伯尔排除了对接受学习的偏责，对认清学生学习与接受学习的属性拟合起到了定性作用。

（六）以学生为本的人本主义和学生建构知识的建构主义

1951年，人本主义心理学家罗杰斯的"患者中心"治疗方法的理念开始被应用到学习上，产生了"学生中心"的学习方法，其提出的"意义学习"也称为"自组织的自我变化"的学习，与行为主义的教师主体观察塑造学生形成了鲜明对比。学生主体性是"学生在学"的理念，使心理学中关于学习的研究转变了关注的重心。罗杰斯是美国应用心理学会的创始人之一。

20世纪50年代产生的建构主义则进一步发展了"学生中心"理念，主张学生自己去建构知识、创造知识和应用知识解决问题，可谓是对以学生为本更大跨度的提升。建构主义也公开强调自己的研究以皮亚杰的理论和维果斯基的理论为建构的基础。

综上所述，除了行为主义的强调行为和塑造，早期的格式塔学派以及皮亚杰、维果斯基和加涅一直致力于研究学习的内在过程、学习的内在机制，近来的认知神经科学更是致力于研究学习在脑内发生的神经过程；布鲁纳和奥苏伯尔在强调学习的认知结构的基础上，还重视教学的方法和范式；罗杰斯的以学生为本和建构主义研究焦点也专注于学生认知的建构和创造。

学习理论的发展脉络，极大地体现了向内在认知、向学生主体性、向以学生为本、向学生建构和创造发展的趋势。总之，学习心理学一直在心理的道路上从未偏离，对认知学习的重视也不断增强。

本章小结

经典条件作用论强调学习是形成刺激—反应的联结，操作条件作用论强调学习是强化，社会学习理论强调观察学习；桑代克认为学习是试误的过程，苛勒认为学习是顿悟的过程，托尔曼认为刺激—反应联结通过认知中介形成；信息加工心理学认为学习是信息加工的过程，加涅提出了学习阶段和教学阶段；奥苏伯尔强调有意义的接受学习，布鲁纳强调发现学习；建构主义认为学习是意义建构。

思考与练习

1. 各种学习理论的基本观点是什么？
2. 依据本学科，探索小学生学习中应用经典条件作用和操作条件作用的教学情境、教学过程和教学关键点。
3. 如何正确使用强化？
4. 思考学习理论对小学班主任工作的启示是什么。
5. 试误说与顿悟说在解决问题中是如何运用的？
6. 将本学科的一节课程和托尔曼的认知目的说结合，谈一谈怎样促进小学生形成认知地图。
7. 结合本专业课程，阐述加涅的教师的教学阶段与学生的学习阶段的对应。
8. 结合本学科，谈先行组织者策略的应用。
9. 结合本学科，评价接受学习与发现学习在实际教学中的作用。
10. 结合本学科的一节课程，探索如何实现布鲁纳的学习观和教学观。
11. 如何理解建构主义对小学生认知学习的意义？

第三章　小学生的知识学习

扫码查看
本章资源

知识图式

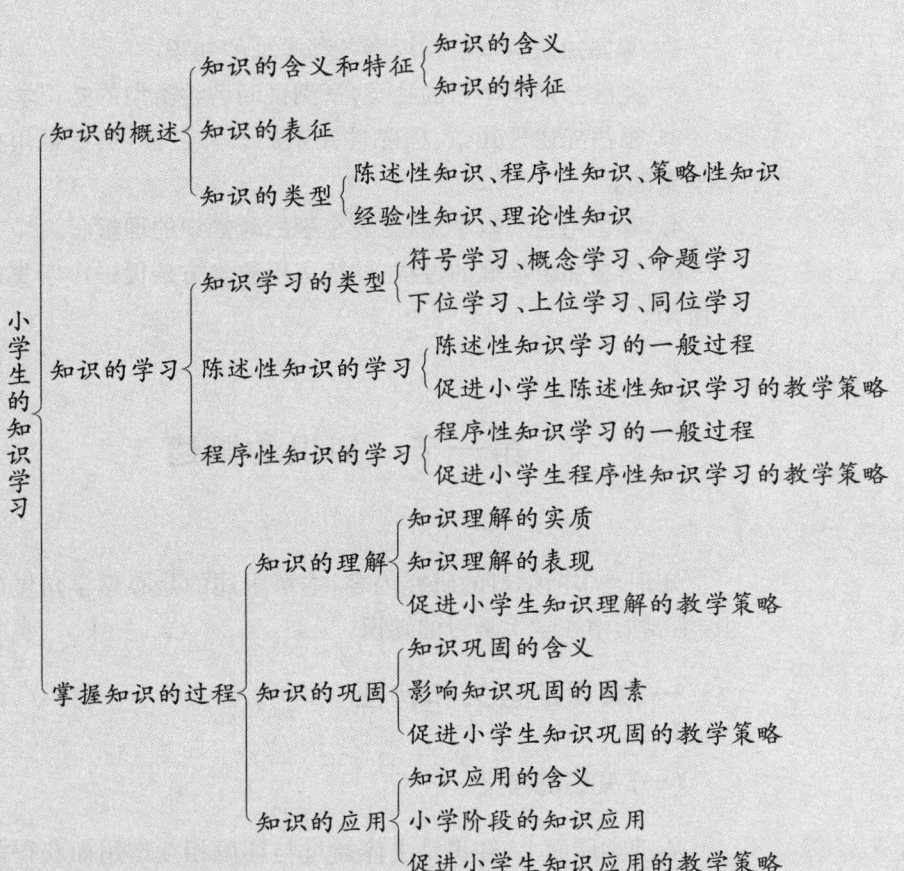

 具身认知

本章导学

"吾身也有涯,而知也无涯",教学使人类知识得以传承和创新。本章的重点内容是知识的类型、知识学习的类型和促进小学生各种知识学习的教学方法。本章各部分内容的掌握程度是:知识的含义需要记忆;知识的种类、知识学习的种类需要记忆和学会区分,对其例证需达到能做鉴别判断。本章的直观教学、知识的理解、知识的巩固和知识的应用部分对于教师职业行为具有直接的指导意义。

学习目标

1. 掌握知识的本质和理解各种类型的知识。
2. 能区分知识学习的种类,举例说明各种类型的知识学习。
3. 领悟陈述性知识、程序性知识的学习过程,熟练运用相关教学策略。
4. 能运用直观教学法,促进小学生对知识的理解。
5. 熟悉知识掌握的过程,熟练运用教学方法促进小学生的知识应用。

第一节　知识的概述

知识是多门学科的研究内容,本章阐述的是心理学角度的知识,主要集中在学生学习的知识。

一、知识的含义和特征

(一)知识的含义

心理学层面上,知识是主体通过与环境相互作用而获得的信息及其组织。人作为主体与外界环境相互作用,获得了有关环境规律的信息和自身特征的信息,并将其用一定的方式加工和组织,形成对事物的理解,从而形成知识。人类整体积累的被公认为正确的知识是公共知识;个体所具有的知识是个体知识。学校中传

播的知识是人类知识即公共知识的精华。

（二）知识的特征

从心理学层面看，知识具有以下特征：

1. 知识是储存在个体头脑中的信息

心理学是从个体的角度看待知识，所以知识是在个体的头脑中储存的信息。个体对所获得的刺激的理解存在差异，因此，形成的知识也不同。这种个人知识的差异构成了"术业有专攻"。

2. 知识是有结构有组织的图式

个体头脑中的知识不是杂乱无章存储的，而是按照知识的逻辑，有结构、有组织地排列，从而形成了知识图式。该图式具有变化性、调适性、吸收性和生产性。

3. 知识图式是功能结构

个体头脑中的知识图式不仅是静态的存储图式，还是动态的功能图式，即该图式能用以加工、理解新知识，将新知识纳入原有的图式中，从而不断扩大自己的能量；借此增强自己解决熟悉的问题和新的问题的能力，用以解决难题和创新。

4. 知识总在不断进化和更新

人总在试图对世界做出更准确、更完整、更深刻的理解和解释。所以个体的知识总在不断变化和更新。

下图（图3-1）小学数学五年级上册的知识图式体现了知识的特征。

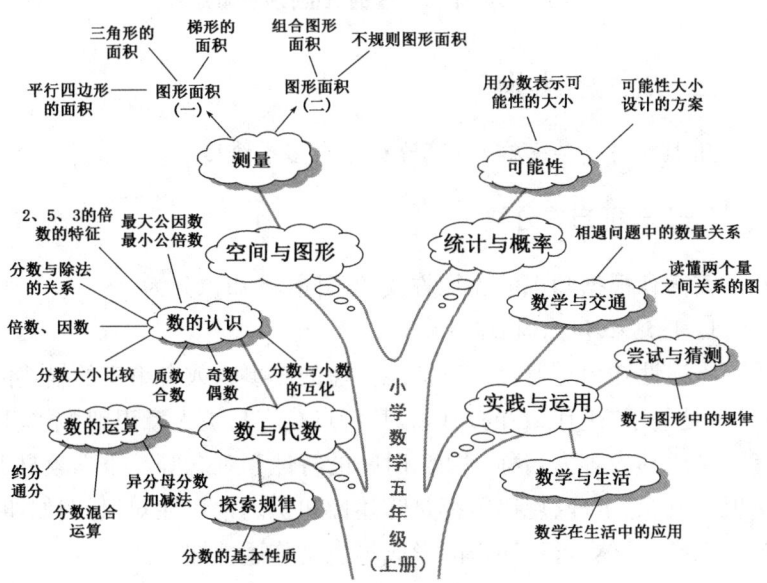

图3-1 知识的特征与知识的表征

二、知识的表征

表征是指信息在人脑中的存储和呈现方式。表征有由内向外表征和由外向内表征,心理沙盘游戏是把个体内在的心理向外表征(见图3-2)。表征是知识形式的转换,是个体知识学习的关键。不同知识的表征方式不同:陈述性知识主要以命题、命题网络、图式和脚本的形式表征。程序性知识则主要以产生式和产生式系统进行表征。

图3-2　个体心理的表征:沙盘游戏

三、知识的类型

知识本身复杂多样,对其分类也有多重维度。

(一) 表征方式分类

安德森根据知识的表征方式的不同,将知识分为:

1. 陈述性知识(描述性知识)

陈述性知识是通过语言即能传递的对事物或者事实的描述的知识,是关于"是什么"的知识。其特点是容易被人意识到、系统且有意义。其内容为名称、事实、时间的特性和观念等。小学教材上呈现的概念、定理、规律等都是陈述性知识。常识性知识,例如,时钟的识别、天体运行、四季的形成等也是陈述性知识。

2. 程序性知识（操作性知识）

程序性知识是关于实际操作过程的知识及其操作，是关于"怎么做"的知识。其特征是与一定的问题相联系，在一定的问题情境中被激活，而后被执行。例如，推理操作、决策或者解决某类问题的实际操作过程。自动化的程序性知识几乎是自动进行的，不需要太多的意识参与，例如，开车、解题、游泳等。

3. 策略性知识

策略性知识指用于控制和调节主体自身的记忆过程、思维过程、情绪、个性特征，特别是调控学习过程中的心理活动的知识，如在学习任务量大或者学习难度大时，如何调节烦躁情绪、如何将自己的注意力控制在学习任务上等。

知识的分类体系有很多，专栏 3-1 的知识分类体系对小学生数学也有指导意义。

专栏 3-1

知识的另一种分类体系

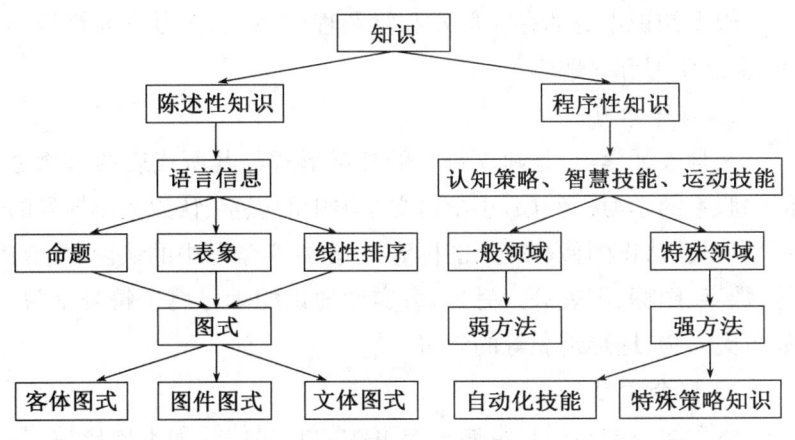

图 3-3　知识的另一种分类体系

（二）抽象程度分类

根据知识的抽象程度的不同，可将知识分为：

1. 经验性知识

经验性知识是来源于解决具体问题的实践或实际问题情境的知识，主体在与环境相互作用的实践中获得的。该类知识比较实

用,并且不用转化可直接使用,但比较零散,覆盖面比较小,情境变化时可能不适用。

2. 理论性知识

理论性知识是指经过抽象和概括而得出的同类事物的本质特征和事物与事物之间规律性联系的知识。该类知识概括性强、抽象程度高、应用范围比较广;但应用时需要根据情境进行转化,学习时有一定难度,容易让学生感到枯燥、乏味。

第二节　知识的学习

知识的学习是小学生认知学习的重要部分,知识学习有多种类型,心理学主要研究了陈述性知识的学习和程序性知识的学习。

一、知识学习的类型

(一) 以知识本身的存在形式和复杂程度为依据的分类

根据知识本身的存在形式和复杂程度,知识学习分为符号学习、概念学习和命题学习:

1. 符号学习

又称表征学习,是建立符号的外部形式与其所代表的事物之间的联系的学习。例如,小学语文学习中的识字、认识大小括号的使用,以及认识图像、图形、图标等;小学数学学习中的认识数学符号、数字、图标、图表等。另外,事实性知识的学习属于符号学习,如历史人物、地形地貌等的学习。

2. 概念学习

概念学习的实质是掌握一类事物的共同特征和本质属性,其形式一般为共同特征加上所属范畴(本质属性)。如心理的概念是"人脑对客观现实的主观反应","人脑对客观现实的反应"是心理现象的共同特征,而主观反应即为心理的所属范畴也是其本质,也就是心理的本质是主观现象而不是客观现象。小学低年级涉及的概念一般不要求掌握抽象的概念,而是通过形象的例子理解概念,进而运用解决问题;到小学高年级,抽象的概念开始增多。学生的思维能力是理解概念的关键。

3. 命题学习

命题学习是指掌握概念构成的复合意义及其关系的学习。命题既可以是简单事实，也可以是规则、原理、定律、公式等。命题学习是陈述性知识学习的高级形式。命题学习是学习概念与概念之间的关系，所以比概念学习的复杂程度更高。命题学习以概念学习为基础，概念掌握的深透程度影响着学生对命题的理解和运用。例如，数学中学习"小数乘以小数"，必须先掌握小数的概念和乘法的概念；语文中翻译古文，必须先学习现代汉语字词和一些基本的古汉语字词的含义，才能翻译整篇古文。

（二）以新知识与原有的认知结构的关系为依据的分类

根据新知识与原有的认知结构的关系，知识学习分为下位学习、上位学习和同位学习（并列结合学习）：

1. 下位学习

又称类属学习，是指新学习的知识的水平低于学习者原有认知结构中知识的水平。如小学五年级数学中先学习的是概率的知识，然后学习的是解决具体情境下的可能性的问题，就是下位学习。该类下位学习中，当前学习的问题是认知结构中原有知识的特例或例证，相比之下该类下位学习比较简单；还有另一种下位学习，例如，学习了分数的性质之后学习分数的大小比较，分数的大小比较扩展了分数性质的知识，并且使分数性质的知识更加精确化、深入和具体化。该类下位学习中，当前学习的问题是认知结构中原有知识的深化、精确化，相比之下该类下位学习比较难。

2. 上位学习

又称总括学习，是指新学习的知识的水平高于学习者原有认知结构中知识的水平。小学课堂教学中，多数采用上位学习的方法，即教师先呈现具体例证和情境，学生通过多个变式的练习，体会到规律，教师再归纳整合出本节课学习的目标原理。

上位学习中，先后知识是例证和原理之间的关系，教师先讲例证，再综合、归纳讲授原理，是比较简单的上位学习；还有另一种上位学习，知识学习的内容也是上下位的关系，先学习的内容为下，后学习的内容为上，但是二者之间跨度比较大，各自有各自的原理，该类上位学习比较难。

3. 同位学习

又称并列结合学习，是指先后进行了同等概括程度或者难度水平的知识的学习。有些并列结合学习是联系比较紧密的同等概

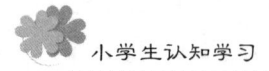

具身认知

括程度的知识之间的学习,如分数与小数。有些同位学习则是联系不紧密的同等水平知识的先后学习,例如,最大公因数与最小公倍数的学习、组合图形的面积与不规则图形的面积的学习,这种类型的并列结合学习难度比较大,既需要掌握二者之间的区别,更难的是还需要掌握二者之间联系的逻辑。

二、陈述性知识的学习

(一)陈述性知识学习的一般过程

陈述性知识学习的一般过程包括获得、保持和提取。个体运用所获得的知识回答"是什么"和"为什么"的问题即为陈述性知识的学习。

> 扫码查看　陈述性知识学习的获得、保持和提取

【知识点】

(二)促进小学生陈述性知识学习的教学策略

1. 激发学习动机,培养学习兴趣

表扬和奖励能促进学生认知的活性,使小学生记忆更敏捷和持久、陈述更流畅和准确,从而有利于小学生学习陈述性知识。在小学教学实践中,教师应及时给予小学生表扬和奖励。

2. 有效运用注意规律

小学生在学习过程中的注意状态十分重要,运用注意规律有利于将小学生的注意力集中在学习材料上;另外利用注意规律使学生分配更多的注意在重点和关键点上,对学生学习陈述性知识也非常重要。所以教师在教学设计和教学过程中要把更多的时间、更中肯的解释和更多的练习放在重点部分。

3. 结合学生已有的认知图式

奥苏伯尔认为,学习就是将新知识与学习者原有认知结构中的适当或相应观念建立起非人为的、实质性的联系的过程。在陈述性知识的学习中,学生已有知识经验对学生当前的知识学习有重要影响。如记忆"碧玉妆成一树高",教师要抓住重点是"妆"字,联系学生已有的知识经验——"妈妈化妆很美",促进学生理解作者用妆字写出了柳的美的文笔巧思。这种教学设计既促进了学生记忆和陈述该诗句,同时也促进了学生推理思维的发展,也达到了

语文的课程目标——培养语言实践能力。

4. 明确学习任务的类型

即明确哪些内容必须逐字记忆、哪些内容知道意思就可以、哪些内容不仅需要记忆而且能陈述、哪些内容需要在头脑中形成表象等。"学习单"是任务类型的重要依据，教师要用最简洁精炼的方式呈现学习单。

5. 精加工以增强记忆效果

对陈述性知识进行精加工可以增强记忆效果。精加工的方式有很多，例如，教师根据不同年级学生的特点和课程标准的要求，带领学生将学习的材料用自己的话解释、举出例子、巩固细节、继续推论，或使之与其他意义形成联想等，目的是增强加工的深度，促进理解、记忆和陈述。小学语文的精细加工的具体措施与方法包括释义、写概要、创造类比、用自己的话注释、解释、自问自答等；小学数学的精加工方法有反复背诵原理、原理间字句比较、默写公式等。

6. 整理和综合陈述性知识的材料

教师和小学生一起进行建构，将学过的部分知识和整体均列出关系系统图，促使小学生在头脑中整合知识、理清逻辑，能促进思维的发展和对陈述性知识的深度掌握；陈述性知识的提取很重要，小学生参与建构知识关系系统，有利于提供知识提取的线索。

精加细工

扫码查看 促进小学生陈述性知识学习的教学

【知识点】

三、程序性知识的学习

（一）程序性知识学习的一般过程

程序性知识学习的一般过程包括陈述性阶段、程序化阶段和自动化阶段：

1. 陈述性阶段

程序性知识虽然是实际操作的知识，但是操作步骤可以用语言记录和陈述，所以学生学习程序性知识时，可以先学习口头语言或者书面语言的陈述，然后再将陈述转换成实际操作。因此程序性知识学习的第一阶段是陈述性阶段。在陈述性阶段，学生学习用外部言语和内部言语陈述某些内容，可以是操作步骤，也可以是

时间线
事件线

机械记忆操作结果等。该阶段也是记忆和陈述产生式系统的过程。

2. 程序化阶段

学生将陈述变成实际操作,将能陈述的产生式系统变成流畅的动作系统。该阶段实现的条件是练习。该阶段的过程是从单独动作到连贯动作,再到熟练操作。这是程序性知识学习最关键的一步。该阶段的实现受练习程度的影响,但是也与学习者的智力分布有关,有的小学生擅长言语学习,有的擅长操作学习,擅长操作的学生更容易完成该阶段。

3. 自动化阶段

自动化阶段指学生的实际操作达到了高度纯熟的程度,不需要或很少需要意识的参与即能进行。甚至在一定程度上感受到已经无法陈述步骤,但操作却能完成。此时操作速度快、准确性高,需要很少的加工资源。学习者会体验到高度的自我效能感。并不是所有学生的程序性知识都能进入自动化阶段,是否能进入自动化阶段与知识的性质和地位、与其他知识的关系,以及学习者自身的许多因素有关。

(二) 促进小学生程序性知识学习的教学策略

1. 优化产生式的陈述

在陈述性阶段,精准陈述产生式使陈述的内容直接指向操作是非常重要的,高质量的产生式陈述有利于学生形成操作表象、掌握操作的流程和最佳方式。

2. 注意示范与讲解

示范与讲解是程序性知识教学的方法,更是重点环节。教师在示范时,不但要展示步骤和流程,最关键的是要呈现最佳的方式,而且要讲清各步骤评价的标准,也要提示可能出现的错误。

3. 运用变式与比较

教师可以通过设计变式练习和呈现一些学生容易混淆的典型反例等方式提高学生的学习效果。

4. 大量练习与适时反馈

练习和反馈是程序性知识学习的两个非常重要的因素,每一次练习均给予两个有关联的产生式在工作记忆中同时激活的机会,因而也提供了二者合成的机会。练习中提供反馈的次数以及时间点非常重要。及时的反馈可以使学生及时纠错,但过多的反馈可能会使学生产生依赖,从而干扰对任务的学习。因而,教师能提供好的反馈需要其有足够的理解力和判断力。

5. 分解程序的操作过程

分解程序的操作过程是指将完成某类程序操作的完整过程分解为阶段,总结并侧重在每个阶段上呈现最佳运算方式和可能的运算方式,同时对学生进行训练。当各个阶段达到熟练后,再进行整合,最终使所有的操作达到熟练。

6. 自动化阶段

在后续的学习中不断巩固和运用程序性知识,使之达到自动化。教师呈现知识的顺序要保证知识连贯,先前学习的知识在后续的学习中不断得到重复或运用,尤其是在后续更复杂的学习中的运用,从而使程序性知识在后续的学习中变得简单,最后达到自动化。

专栏 3-2

促进小学生程序性知识学习的教学策略:
你会怎样设计该节课程?

加法问题是程序性知识。某教师在讲授小学一年级数学上册"10以内的加法"问题时设计了以下教学步骤:

第一步,陈述性阶段。呈现加法排列图(见图 3-4),并带领学生反复多次横着读、竖着读和斜着读加法题。可见,其陈述的内容直接指向操作。

第二步,一边读一边进行讲解:

第一列是 1、2、3、4、5、6、7、8、9,第二个加数都是 1,得数是 2、3、4、5、6、7、8、9、10;

第二列是 1、2、3、4、5、6、7、8,第二个加数都是加 2,得数是 3、4、5、6、7、8、9、10;

第三列……

然后,反复一起读,接着要求学生尝试背;

第三步,教师呈现一图四式动画片,启发学生尝试解答(如图 3-5);

教师呈现一图二式动画片,启发学生尝试解答(如图 3-6)。

第四步,教师带领学生做教材上的练习题。

在该设计中,示范和讲解、分解程序的操作过程两个环节最能体现教师的教学设计水平和技能水平。

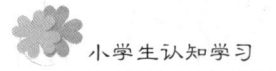

具身认知

图 3-4　小学生的程序性知识学习的陈述性阶段（小学一年级上学期）

图 3-5　呈现一图四式动画片（1）

图 3-6 呈现一图二式动画片(2)

第三节 掌握知识的过程

掌握知识的过程包括知识的理解、知识的巩固和知识的应用。

一、知识的理解

(一) 知识理解的实质

知识的理解是知识表征方式的转换。从学生听课的角度,理解是学生将接触到的教师讲授的或者教科书呈现的视觉或者听觉刺激,在头脑中以主观的表象或者内部语言等形式再次表示出来。如果学生的表征与原来刺激的含义等同,则是优质的表征和高质量的理解。

(二) 知识理解的表现

理解既是心理活动的过程,也是心理活动的结果。从教师的角度,学生的理解是内隐的,只能根据学生的外部行为表现去推测其过程和结果。

学生理解的表现有很多方面,不同学科学习中学生理解的表现也不尽相同。一般而言,学生理解的外部行为表现有:能够用自己的话解释、能够举例、能够展开想象、能够概括、扩充或续写、能将知识转化为操作等,教师可以通过提出以上任务,考量学生对所学知识的理解程度。

（三）促进小学生知识理解的教学策略

小学生的思维类型以形象思维为主,所以促进小学生理解的教学策略是直观教学,也称为教材直观。直观教学指主体将直接感知到的表面信息,加工成对于有关事物的感性认识的认知活动（小学生接受直观教学的感知通道,见图3-7所示）。直观教学主要有实物直观、模象直观和言语直观。

在各门学科的教学中,都要用到直观教学,所以教师掌握直观教学的方法很重要。

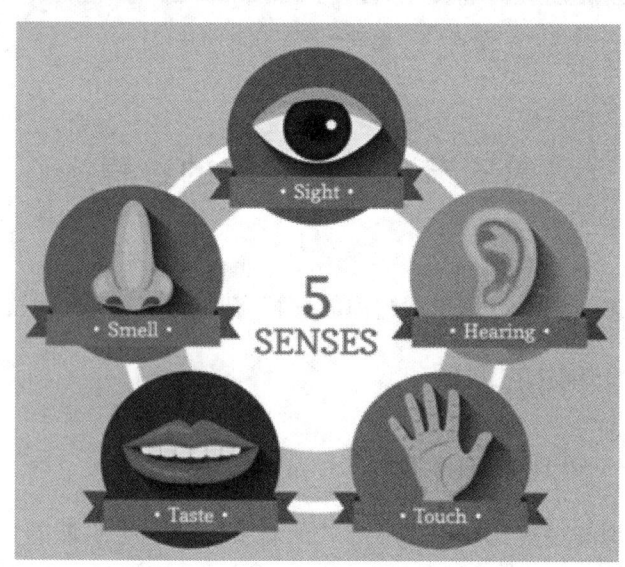

图3-7 直观教学的直接感知

1. 灵活运用各种直观形式

（1）实物直观与模象直观的结合

实物直观即通过对实际事物的直接感知而进行的一种直观方式。它的优点是因为真实而形同实践；定向作用好；能激发学习兴趣,调动学习积极性。缺点则是本质要素与非本质要素结合在一起；而且受时间、空间、季节等的限制。

模象直观（见图3-8）是通过对事物的模象的感知而进行的一种直观方式。它可以利用各种图片、图表、模型、幻灯片、教学电影、电视、录音和录像等模象进行。优点是能够根据教学需要突出本质要素或其他需要突出的部分；直观的范围可以扩大,根据需要可以呈现人的感官无法直接观察的变化。缺点是模象与实际事物之间有一定距离;定向作用不好。

所以在有可能的情况下,一定要将模象直观与实物直观结合进行。

图 3-8 模象直观

(2) 词(言语直观)与形象(实物直观和模象直观)的配合。

言语直观是在形象化的语言作用下,通过对言语物质形式的感知及语义的理解而进行的一种直观形式。它的优点是不受时间、地点和设备条件限制,而且能运用语调和生动事例激发学生情感,唤起想象。缺点则是它是最不直观的直观。

总之,为了增强直观效果,不仅要注意实物直观和模象直观的合理选用,而且必须加强言语直观与二者的结合。在可能的情况下,选用言语直观应尽量配合实物直观和模象直观。

2. 运用感知规律,突出直观对象的特点

(1) 运用强度律。如教师讲课的声音洪亮有力,呈现的文字清晰确定,展示的教具质地上乘,运用的图像、图形的线条、颜色适度等。

(2) 运用差异律。如教师在板书设计、教材编排、授课技巧等方面加大对象和背景的差异。教师在讲授时,言语应尽量做到抑扬顿挫、轻重有致。教师用彩色粉笔标记板书、用红笔批改作业等。

(3) 运用活动律(运动律)。如教师在设计多媒体课件时,可制作静动结合的 PPT;呈现一些录像资料;用特制的动态教具呈现原理和规律等。

(4) 运用组合律。组合律即知觉的整体性,呈现知识时要注意规律性,体现整体与部分的界域。如教师讲课时用一定方法将不同的部分间隔开来;用停顿后讲过渡语的方式区分一节课的两部分;编写教材时注意编排形式符合科学印刷排版的形式;教师写板书时同一级别知识点的文字颜色、大小一致等,这些组合律的体现,都可以增强直观的效果。

3. 培养学生的观察力

教师在进行实际教学时,采用多种直观形式的同时,还应该注

意培养学生的观察能力。观察前,必须让学生明确观察的目的和任务,进行有关知识的准备。观察过程中,应培养学生观察技能和方法,让学生把握观察程序,并学会做好记录。观察后,要求学生对观察结果和资料进行分析、整理、总结,写出观察报告。

4. 让学生充分参与直观过程

运用实物直观时让学生亲自感知,即通过感官接触事物本身,帮助学生获得直接的信息和感性材料,由此获得的感性认识对于此后抽象知识的学习意义重大;运用模象直观可以让学生发挥想象,重组多个图片,促进学生思维从形象思维向抽象思维过渡;让学生参与言语直观,可以培养学生的语言素质,增强学生语言的艺术性和感染力。

多媒体技术的发展和普及给教师提供了新型直观教学的平台和形式,使得生动、鲜活、智慧和兴趣的高端知识也可以在课堂上直观呈现(见图 3-9)。

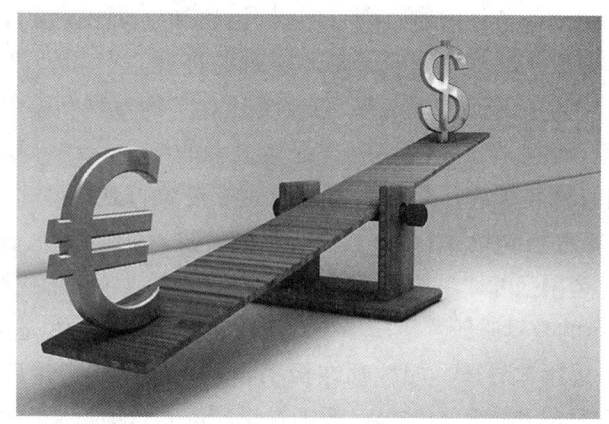

图 3-9　言语直观的配合

二、知识的巩固

(一) 知识巩固的含义

知识巩固是指采用一定的策略促进知识持久记忆或掌握。知识的巩固依靠人类的记忆系统、遵循记忆规律才能得以实现。巩固环节是知识学习的重要环节,它是获得环节的延续,也是应用环节实现的关键。

(二) 影响知识巩固的因素

影响知识巩固的因素包括学习主体生理方面的神经特点、学习主体心理方面的个性特征和外在因素。教师应立足于学习主体自身的心理特点,设置好外在因素,促进学生知识的巩固。

1. 时间的影响

根据遗忘规律先快后慢可知,时间影响知识的巩固程度。有学者的研究得出结论,学习的知识 24 小时内遗忘得最快。所以,对新学习的知识,24 小时内应进行复习,促进知识的巩固。

2. 记忆材料的数量和性质的影响

一次性识记的材料过多,记忆巩固性差。无意义的材料记忆巩固性比有意义的材料差;无韵律材料的记忆巩固性比有韵律的材料差;散文的记忆巩固性比记叙文和议论文差。

3. 记忆材料的序列位置对巩固程度的影响

由于前摄抑制和倒摄抑制,言语材料的首尾巩固程度好,中间巩固程度较差。

系列位置效应是指背诵系列材料时,材料的顺序对巩固性的影响。首尾容易记住,中间遗忘得快。开头部分遗忘得慢为首因效应,结尾部分遗忘得慢称为近因效应。原因是前摄抑制(先对后)和倒摄抑制(后对先)。中间部分遗忘得最快是因为双重抑制。

记忆与遗忘

【微课视频】

4. 学习程度的影响

过度学习了的材料比恰能成诵的材料巩固性好,学习程度为150%时,遗忘得最少,巩固效果最佳。超过150%的过度学习,识记效果并不随之再有显著的增长。

5. 个体主观因素的影响

能够使学生产生兴趣、与个体的需要有关系、能激起主体强烈情绪的学习材料,记忆巩固性好。在学生的学习和成人的工作中,反复重复和应用的或者对个体有重大意义的材料,一般巩固性好。

(三)促进小学生知识巩固的教学策略

1. 安排科学、合理的复习

根据遗忘理论和遗忘规律,防止遗忘的方法不是消除遗忘,而是针对个体必须掌握的知识进行科学、合理的复习,复习方法包括新学习的知识要及时复习、安排时间循环复习等。其中心理学研究

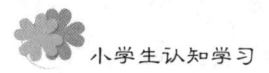

得出结论,分散复习优于集中复习,整体复习与部分复习要相结合。

 科学合理的复习,防止遗忘

【知识点】

2. 安排适度的练习

根据桑代克学习律中的练习律,使用会加强和巩固已经建立的联结,不使用会削弱已经建立的联结。所以安排周期性的练习非常必要。

3. 精选题目

因为记忆规律要求复习,势必造成旧知识需要不断重复练习和复习、新知识又需要学习的态势,造成学生课业负担过重,所以在巩固知识方面复习要精干、练习要精选。

4. 符合记忆规律

教师一次性布置的任务应适量,要使学生有足够的心理空间加工信息;教师要促进学生进行学习程度为150%的学习;教师应努力让学生进行意义学习而不是机械学习;学生要将有意学习和无意学习相结合等。

三、知识的应用

(一)知识应用的含义

知识的应用是主体借助已有知识去认识、解释、适应及改变世界和自己的过程。在小学教学过程中,知识的应用指学生运用知识去解决同类问题的过程。

(二)小学阶段的知识应用

1. 陈述性知识应用的表现

(1) 对事物的知觉

教师传递陈述性知识,学生记忆陈述性知识,当遇到与该陈述有关的事物时,学生根据陈述知觉事物的名称。小学阶段,学生识别数字、符号、字词等都是应用陈述性知识知觉事物。如小学科学教师讲授了课程《用力以后》,学生在运动时,认识到自己的鞋底与地面的力是摩擦力,而运动时摩擦力的大小很重要,从而试穿各种不同的鞋,调整跑步的速度。

(2) 对事物的判断

教师用陈述性语言传授知识，学生根据该陈述性知识做出价值判断，判断相同、大小、多少等。例如，判断数的奇偶性质时，教师首先传授给学生陈述性知识"能被2整除的数是偶数"，学生再根据该陈述做出奇偶判断。

(3) 对事物的辨别

辨别的目的是对类似的刺激做出不同的正确反应。如小学生对形近字或音近字的识别。辨别需要运用知识经验，教师将事物的特征总结成陈述性知识，并用陈述的方式传授给学生，学生可以用该陈述知识分化事物，实现辨别。如教师教授学生口诀"中间点撇仔细辨，有言来争辩，种瓜长花瓣，青丝扎成辫"，帮助学生区分"辨、辩、瓣、辫"；教师陈述"买棵树木拿去栽，要做衣服就去裁，叫辆车子把货载"，学生用该陈述区分"裁、栽、载"。

(4) 对事物的论证

论证是运用陈述性知识进行一系列的推证，从而阐明观点或者原理。论证是陈述性知识的运用。不仅在语文教学中陈述性知识的论证使用得比较普遍，在数学教学中程序性知识之前的陈述性阶段也是陈述性知识的论证。如小学数学中计算前的推理：鸡比鸭多25只，鹅比鸭多27只，鸭有8只，谁最多，最多的是多少只？

2. 程序性知识应用的表现

程序性知识的应用最重要的是解决问题。教师可以观察到的程序性知识运用的表现有很多。

(1) 实际动作。教师通过观察学生应用知识解决问题的实际动作和系列操作，可以直接了解学生程序性知识应用的水平。

(2) 出声思维。学生在动手操作的同时，如果能配以出声思维，教师就可以掌握学生程序性知识的陈述性阶段和程序化阶段的内在思维过程。教师观察学生的实际动作能了解学生程序性知识的外部状况，通过伴随的出声思维，更能了解程序性知识的内部机制。

(3) 解决问题的过程和结果。学生解决问题的过程是最典型的程序性知识的应用。教师不仅可以通过学生解决问题的结果而且也可通过学生解决问题的过程检验学生程序性知识掌握的情况。

(三) 促进小学生知识应用的教学策略

1. 加强小学生课堂练习中的表征练习

小学阶段最基础的学习方式是代表性学习（又称符号表征学

具身认知

习)。表征是将一种形式的知识和技能转换成另一种形式,这种转换本身就是知识的应用。所以在课堂教学中,教师讲授新知识或者新技能后,可以首先安排学生进行知识或技能的形式转换练习,促进学生对知识的理解,这个过程就是在进行初步的知识应用。

这种转换的难度有高低之分,教师可以将难度做梯级排列,设置循序渐进的作业。

例如,在教授小学生做加法时,为了让同学们理解并应用加法,可以进行代表性学习,轮换应用各种表征方式。首先给学生呈现图片,小丽同学帮爸爸、妈妈、爷爷、奶奶摆放餐桌。餐桌上有5只碗。小丽的碗是小碗,其他的都是比较大的碗。数学老师采用提问的方式引导学生表征该图片,应用数学知识。

教师的问题逐步进行,梯级依次是:

(1) 同学们看到了什么?能提出一个数学问题吗?

生:一共有几个碗?

(2) 你能回答这个数学问题吗?

生:有5只碗。

(3) 谁能列一个数学算式呢?只有这一个数学算式吗?还可以列出其他算式吗?

生:1+5=6

生:5+1=6

(4) 看来这些算式得数相同,所以可以得出,1+5=5+1。

(5) 谁能来概括这个道理呢?

生:加号前后的数字交换,得数不变或相等。

 扫码查看 **表征方式的种类**

【知识点】

2. 教师讲授知识的应用要做到深入浅出

教师在讲述知识的应用时,一定要语言精练、逻辑简捷,非重要因素做到最简化,讲解深入浅出。一位小学二年级教师在二年级上学期总结加减法应用题时,板书为:

求多的量——加法

求少的量——减法

宁:10颗

宁比谢 多 2   10−2=8(颗)

谢比宁 多 2   10+2=12(颗)

该教师的教学中存在的问题是：①例子中的姓名有些复杂，没有做到非重要因素最简化，用更简单且常见的姓氏更佳，减少学生的信息加工负担和减轻学生题难的感觉；②用同样的姓名轮换多少不符合常理，会在思维中增加困惑，还需要不必要的转换，正确做法是用不同的人来表征问题，有利于增加区别因素和记忆的线索；③用同样的人名来表示不同的情境，并且放在一个框架下，使简单的题变得复杂，正确做法是用不同的事物表示；④重要的规则没有在板书中体现出来，反倒被省略了；规则和例子排列顺序不对仗。总之该教师的讲解方法把容易的问题复杂化，没有重点突出，没有深入浅出，讲解把题变深、变难，造成部分学生无法理解。更好的表达例证和板书方法如下：

1. 求多的量　加法

鸡：6只

鸭比鸡多3只　求鸭　**鸭多**　加法 6＋3＝9（只）

2. 求少的量　减法

王：10个

李比王少2个　求李　**李少**　减法 10－2＝8（个）

该例子是最简单的例子，如果想要学生掌握更复杂的例子，则可以按照逻辑再继续增加复杂例子，这种循序渐进的教学才能使学生的思维脉络清晰，把知识掌握透彻。

3. 促进学生知识的应用一定要重视迁移

迁移是独立解决问题的重要因素。教师讲授知识时不仅要重视讲清楚知识本身，还要注意该部分知识对其他知识的迁移作用，具体方法是找到知识迁移的关键点，强调关键点。如在上述二年级教师总结加减法应用题的例子中，该知识的迁移目标是加法交换律。所以在本节课内容中，必须强调的迁移关键点是加号前后的数字交换位置，得数不变或相等。重视迁移关键点的教学，会使学生在头脑中形成知识的系统，而不是孤立的知识，能培养学生的逻辑思维能力，更能促使学生独立解决问题。

4. 在各种活动中应用知识

知识应用不等同于解决问题。知识的应用虽然体现在解决问题上，但不限于解决问题。在课上课下的各种形式的活动中，都可以体现出知识的应用，各种应用形式都有利于考试中问题的解答和工作中知识的实际应用。例如，回答课堂提问、解答习题、组织学生做题纠错，学生模仿、概括和总结解决问题的策略、技能，审题、联想、解析等。

5. 知识应用的目的是能力的培养

培养逻辑思维能力是真正的教学目标。在上述二年级教师总结加减法应用题的例子中，早期教给学生解题口诀有利于学生迅速找到解题办法，即"求多用加法、求少用减法"。但是一旦学生经过练习熟悉了该类题后，还是要进一步帮助学生真正理解问题本身的逻辑关系，如鸭比鸡多，求多所以要在少的基础上加才能得出其数值，求少要在多的基础上减才能求出数值。所以，口诀是初期学习的好办法，但其比较刻板，学生掌握逻辑关系、发展推理能力才是真正的教学目标。

总之，知识的应用是学生学习的目的，也是人类传承知识的目的。知识的应用使学生体验到知识的意义与作用，提高了学生学习的积极性与主动性，也为人类文明的发展提供了保障。教师在教学设计中要不断地更新知识应用。

本章小结

本章的关注点是知识理论指导下的小学教学策略。在介绍了知识学习的理论内容后，侧重探索小学阶段促进知识学习的教学方法，分别阐述了陈述性知识学习与程序性知识学习的具体阶段和教学策略、直观教学及其应用、小学生知识掌握的过程和促进各环节优化的教学策略，目的是为小学教学提供指导。

思考与练习

1. 什么是陈述性知识和程序性知识？
2. 举例说明小学阶段陈述性知识的学习。
3. 找出小学数学课本中 3 个程序性知识点并论述学生学习程序性知识的 3 个阶段。
4. 运用直观教学形式，写出 3 个关于几何图形的教学设计。
5. 设计不同类型的课业问题，说明其在促进学生知识应用方面的作用。
6. 设计一节 10 分钟的课程，分别用口诀法和逻辑推理法讲授"鸡比鸭多 25 只，鹅比鸭多 27 只，鸭有 8 只，谁最多，最多的是多少只？"这一内容。

第四章　小学生的认知技能学习

扫码查看
本章资源

知识图式

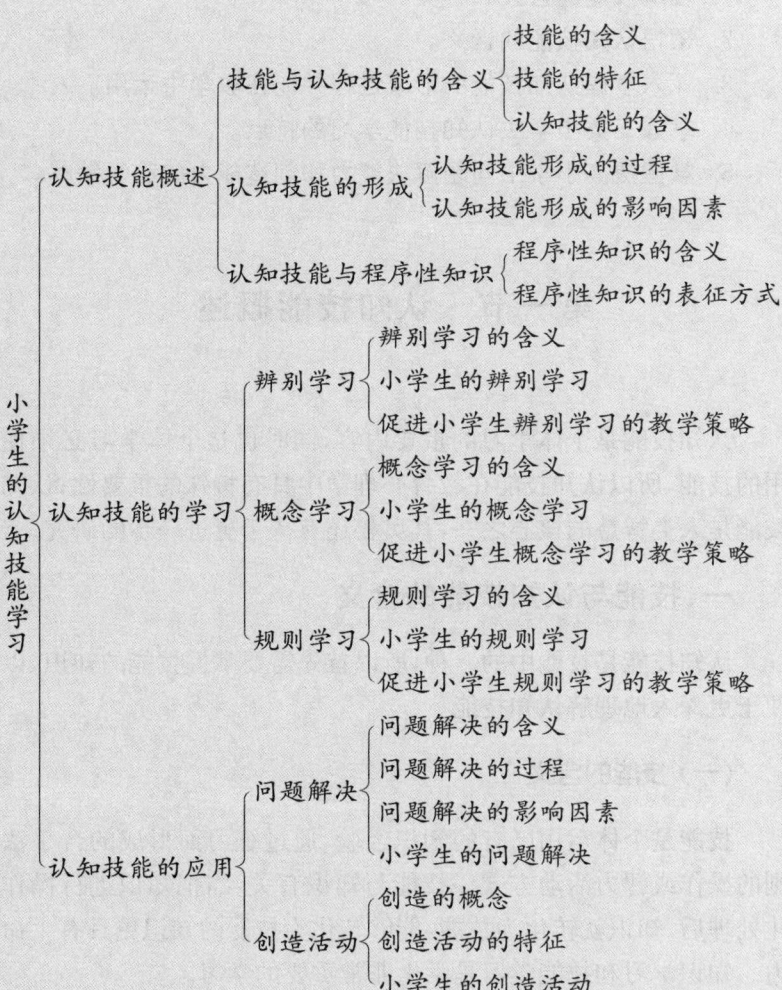

 具身认知

本章导学

学以致用，知识与技能同为教学的重要目标。本章在介绍技能和认知技能的含义后，详细阐述了认知技能的形成过程。小学生认知技能学习中的重点是促进小学生辨别学习、概念学习和规则学习的教学策略，小学生认知技能应用中的重点是问题解决的过程和影响问题解决的因素，以及小学生问题解决能力和创造力的培养。

学习目标

1. 理解技能的含义和种类。
2. 领悟认知技能的含义。
3. 深入掌握认知技能的形成过程并能在教学中运用。
4. 掌握三类小学生认知技能学习的特点。
5. 掌握提高小学生问题解决能力和创造能力的教学策略。

第一节 认知技能概述

认知技能是个体学习的重要内容，同时也是个体学习必须使用的技能，所以认知技能在教育心理学中具有特殊的重要性；认知技能是人类智慧的核心之一，其奥秘还有待于更进一步的研究。

一、技能与认知技能的含义

认知技能是技能中的一种，所以首先需要掌握技能的知识，以便于更深入地理解认知技能。

（一）技能的含义

技能是个体运用已有的知识经验，通过练习而形成的合乎法则的操作或智力活动方式。技能与知识有关，当把知识进行操作化处理后，知识就转化为技能，能够转化为技能的知识更具有生命力。知识学习和技能学习是学生非常重要的学习。

(二)技能的特征

技能是活动熟练化的表现,通过练习获得。技能具有以下特点。

1. 技能是一整套操作

技能是一整套操作,不是简单且机械地重复的单一动作。技能是一系列动作,可用于完成某种任务。如学生只能写出一个或者几个汉字并不是具备了写字技能,但是如果学生写出多个汉字甚至组成一篇文章才是具备了写字或写作技能。

2. 技能要符合规则

技能具有一定的程序和步骤。技能的程序和步骤不可杂乱无章,必须符合一定的规则。如做数字计算时,必须符合数字计算的法则,符合数字计算法则的计算才是技能。有些规则的程序、步骤需要严格遵守,有些规则的程序、步骤可以随情境变化。在学校学习的内容中,多数规则最初要严格遵守,是因为学生需要掌握基本规则;有些规则达到熟练后,学生可以灵活运用步骤和程序。

3. 技能通过练习获得

技能通过后天练习获得,不是天生直接具有。技能需要知识更需要练习,如果想要获得某项技能,只有相关的知识基础还不够,更重要的是反复练习。如学生欲提高自己的计算技能,只观摩教师和同学计算是不够的,还需要自己实际动手计算,才能获得计算技能。

4. 技能要达到熟练化

技能必须达到熟练化。熟练化是指不需要太多的意识控制就能精准完成,能够进行注意分配。例如,长期坚持上课的教师,会具有精湛的教学技能,甚至部分动作、语言达到自动化。

(三)认知技能的含义

技能分为动作技能和认知技能两种。

动作技能是借助于骨骼肌肉的运动实现的外显活动方式,又叫运动技能、操作技能。其特点是物质性、外显性和展开性。如写字、打字、绘画、吹、拉、弹、唱、跑步、打球、做体操、车、刨、磨等都是操作技能。动作技能按照动作幅度分为精细动作技能和粗大动作技能;按照环境的利用程度分为封闭式动作技能和开放性动作技能。

认知技能也称之为智慧技能、心智技能、智力技能,是借助于

具身认知

内部言语在人脑中进行的对刺激做出反应的智力活动方式。在与环境互动的过程中,个体了解事物、解决问题时,感知、记忆、想象和思维等心理活动按逻辑的、完善的方式自动地或者有意地进行推理、论证、运算,从而解决问题(见图4-1),这就是认知技能。认知技能的特点是观念性、内在性和简缩性。认知技能以抽象逻辑推理为核心操作,如阅读、写作、运算、解题都属于心智技能。认知技能是灵活的,可以根据实际情况进行各种各样的操作,如在写作的过程中,可以根据具体情况进行灵活创作。

认知技能主要为内隐的思维操作活动,是通过练习而形成的熟练化的智力活动方式。根据适用范围,认知技能可分为一般认知技能和特殊认知技能两种。一般认知技能是指可以通用于许多领域的认知技能,如观察技能,不仅可以用于观察化学实验中的化学变化,也可以用于观察美术作品中的颜色设计;特殊认知技能是只能应用于独特领域的认知技能,如心算技能,是只能应用于数学运算领域中的一种认知技能。通常而言,一般认知技能在各种特殊认知技能中表现出来,而各种特殊认知技能中总是包含着一般认知技能。

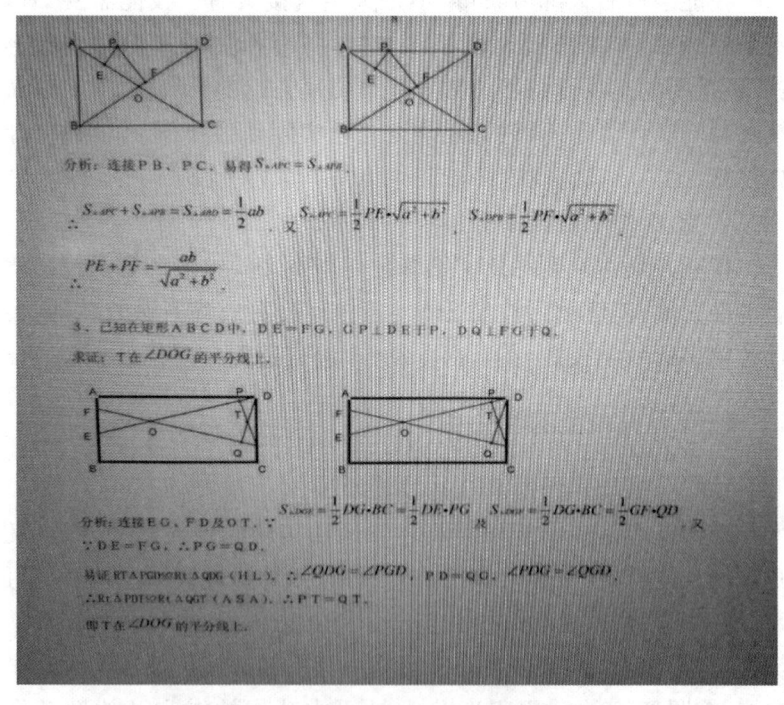

图4-1 认知学习的运算和问题解决(补充)

二、认知技能的形成

(一) 认知技能形成的过程

苏联心理学家加里培林认为认知技能的形成过程分为五个阶段:定向活动阶段、物质与物质化阶段、出声的外部言语活动阶段、无声的外部言语活动阶段和内部言语活动阶段,并且认为认知技能是从外到内的过程,即通过操作将外部活动转化为内部心智活动。也有研究表明认知技能形成的过程分为认知定向阶段、简单操作练习阶段、初步整合阶段、熟练阶段和完善阶段,五个阶段。

1. 认知定向阶段

这个阶段的任务是根据学习操作的的陈述性知识在头脑中进行想象,从而形成操作表象。例如,学生在学习小数乘以小数时,在动笔计算前,首先在头脑中模拟步骤,想象自己解题的过程。在认知定向阶段,学生不仅要知道怎么做,记录操作流程,也应该知道为什么要这么做,懂得其中的原因,做到"知其然还要知其所以然"。

2. 简单操作练习阶段

这个阶段的任务是反复练习简单操作。简单操作指的是技能操作中的每个环节。如学生在学习小数乘以小数时,分别练习每个环节就是简单操作练习阶段,练习将小数看作整数;练习末位对齐排列;练习竖式计算;练习根据小数点后有几位,在得数上点小数点等。简单操作练习阶段是操作的开始,所以一般需要一个动作、一个动作地练习,尚不能要求把动作联系起来,动作的标准程度、熟练程度从外部表现就可以判定。在该阶段的后期,单一动作开始熟练,但是同时进行两个动作或者多个动作尚不可能,因为还没有达到能进行注意分配的程度。

3. 初步整合阶段

这个阶段的任务是将单一的、已经熟练化的简单操作整合在一起,即在单个简单操作已经熟练化的基础上,把所有的简单操作联结起来进行。如学生在学习小数乘以小数时,单一环节已经熟练后,开始一气呵成完成全过程,一次性地完成将小数看作整数,末位对齐排列,竖式计算,根据小数点后有几位在得数上点小数点等步骤。初步整合阶段的特点是,学生一次性地完成全过程时会卡顿、有迷惑或者错误,效率也比较低。

4. 熟练阶段

这个阶段的任务是将整合后的系列操作变得熟练。认知技能达到熟练的标志是速度快和正确率高。在该阶段，完整的解决问题技能已经形成，遇到问题时能快速地判断任务性质以及需要运用的技能，能够熟练而合理地进行技能组合并能很快完成智力活动任务。但当情境发生变化时，变通性和灵活性稍差，无法进行创造。如学生在学习小数乘以小数的熟练阶段，虽然可以熟练地完成全部环节，速度快且准确性高，但仍然只能完全按步骤进行。

5. 完善阶段

完善阶段是认知技能已经形成并达到了熟练后，能灵活变通、艺术化，甚至创造、创新的阶段。完善阶段的认知技能不仅表现出对认知技能有自己的理解，还能与个人的思维特征融为一体，表现出个人的特点；认知技能的最高境界是创造、创新。认知技能的最高境界不是每个人都能达成，也不是努力即能达到，需要很多的条件。但是努力和勤奋始终是达到完善阶段最重要的个人因素，如在课业解题和工作实践中创造性地运用小数乘以小数。

（二）认知技能形成的影响因素

1. 练习与技能进步的关系

操作技能形成的最大影响因素和途径是练习，练习对技能进步有促进作用。练习次数增加，技能的操作速度加快，准确性提高。

技能的学习有"高原现象"。高原现象是指在练习过程中，学生出现一段时间的效果停顿或效率下降的现象。一般来说，练习开始时和最初推进时内容比较容易，学生形成了进步速度快和效率高的感觉，随着时间的推移，任务变难，速度变慢和效率变低，所以学生会感到卡顿、效率下降；另外，随着练习的进展，遗留的问题都是难点，所以即使不断地练习，还是会体验到解决问题的速度变慢、效果变差，这就是高原现象。每个学生出现高原现象的时间有差异，教师要引导学生认识该现象，指导学生跨越学习的高原期。一般情况下，学生度过高原期之后，学习就会有很大的进步。

2. 认知技能的形成受动机与知识的影响

首先，一般情况下，动机越强，抱负水平越高，练习越努力，越有利于认知技能的形成。如果学生的动机较弱,练习次数少,不利于技能的形成;其次,技能虽然是操作活动,但是离不开知识,不仅离不开程序性知识,也会受到陈述性知识质量的影响。"做"以"知"为基础,形成认知技能既要知道"怎么做"的知识,也要知道"为什么做"的知识。

3. 认知技能的形成受先天素质的影响

认知技能的完善阶段超出了熟练,是否能到达完善阶段也会受到天赋的影响。例如,想要成为高水平作家的个体,一定有语言敏感、观察细微等天赋。尽管有的个体通过训练能够将自己的某种认知技能达到较高的水平,但要达到顶尖水平先天素质也很重要。

三、认知技能与程序性知识

现代知识观将知识分为陈述性知识和程序性知识。认知技能是一种活动方式,与程序性知识有很大的关系。

(一) 程序性知识的含义

程序性知识也称为操作性知识,是关于实际操作过程的知识及其操作,是关于"怎么做"的知识。其特征是与一定的问题相联系,在一定的问题情境中被激活,而后被执行。如推理操作、决策、逻辑运算和创作等。

关于程序性知识与认知技能的关系,美国心理学家加涅认为,程序性知识包括认知技能和认知策略两个亚类。认知技能是运用符号与外界事物相互作用的能力,主要用来加工外在的信息;认知策略是用以控制自己的记忆、思维、注意等的能力,主要用来控制自己的心理。认知技能与操作控制有紧密的联系,所以认知技能与程序性知识关系密切。

(二) 程序性知识的表征方式

程序性知识的表征方式也是认知技能学习的模式。程序性知识的表征方式主要为产生式和产生式系统。

1. 产生式

产生式是具体条件与行为的匹配模式,即学习者记住条件和行为的对应关系,并在条件出现时做出相应的行为。产生式是行为的基本单位。产生式的模式是"条件—行动",表述方式一般为

"如果……就……"。

2. 产生式系统

产生式系统是若干产生式的联结。单一的产生式产生的动作并不能应对复杂的环境,由产生式构成产生式系统才能构成个体的行为系统。

产生式系统规则明确。首先产生式系统具有目标指向性,即为实现某一目标而组合起来。其次产生式的联结具有适应性。目标简单时产生式的联结简单、刻板,目标复杂时产生式的联结多样。再次,前一产生式的行动是后一产生式的条件。最后,产生式之间的联结不是随意的,而是按一定的规则和规则系统进行,这些规则满足达到目标的逻辑要求。

第二节　认知技能的学习

心理学家加涅终身致力于研究学习问题,其对认知技能学习的研究也比较具有权威性。加涅认为认知技能可以分为辨别、具体概念、定义性概念、规则和高级规则。辨别是指区分事物不同的能力,如区分两个形近字;具体概念是指识别同类具体事物的能力,如识别出最简分数;定义性概念是指运用概念对事物进行分类的能力;规则是指按原理或规则办事的能力;高级规则指能用若干简单规则组合成新的综合规则的能力。据此可知,认知技能学习主要是辨别学习、概念学习和规则学习。

扫码查看　加涅的认知技能理论

【知识点】

一、辨别学习

(一)辨别学习的含义

辨别是指区分事物差异的能力,结果是对事物的物理特征做出精确反应。辨别学习指在学习事物的本质和特征的基础上,明确两个或多个事物间的区别和联系并加以运用的过程。如学习区分圆形和椭圆形,学生能说出二者的区别和联系,而且在二者出现时能够识别出来是辨别学习。

辨别学习可以分为简单辨别学习和多重辨别学习。简单辨别学习例如学习过圆形后,能在新的情境中认出圆形。多重辨别学习如学习圆形和椭圆形后,能在多个物体中区分出圆形和椭圆形。

(二)小学生的辨别学习

小学生的学习中存在很多辨别学习,并且广泛存在于语文、数学和英语等各学科的学习中。

小学生的语文学习中广泛存在辨别学习。例如,每一个生字的学习,都需要和近似的字相区别;小学生理解句子的意思,也需要精准为是此意非彼意,也包含辨别学习;"体验作者的思想感情"也需要将具体语句进行推理,辨别是喜欢、热爱还是羡慕等。小学生的数学学习中也存在辨别学习,如在很多图形中找出三角形,小学生需要区别三角形和非三角形,所以是辨别学习;在审题后应用哪一个原理或者公式的选择也是辨别。小学生的英语学习虽然较为简单,但是涉及辨别学习的任务有很多,如小学生需要区别 b 和 d,p 和 q,并且需要书写准确;英语单词的学习中,每个单词的记忆都涉及辨别学习;语法中的区分要求也非常广泛。

小学生的辨别学习不仅在学校学习中发生,在生活中也存在。

(三)促进小学生辨别学习的教学策略

1. 努力使小学生通过多种感觉通道接受知识

接受知识时的感觉通道越多,区分线索越多,越可能将近似的知识区别开来。运用多种感觉通道接受知识时,知识总会在一种通道或几个通道上有不同,从而为辨别提供线索。如听觉上读音相同的字词,可能视觉上偏旁部首不同,于是在视觉渠道上区分了知识。

2. 开发辨别的陈述性言语信息,促进学生的辨别能力的提高

教师可以将字形相近的字编写成一首顺口溜,帮助学生将字形相近的字区分开来。如将"赌、堵、睹"编成"赌钱要用贝,堵漏要用土,目睹要用目"。同样,将读音接近的字编写在一起,也可以帮助学生通过语境去提高辨别能力。教师要努力去开发辨别规律的陈述性信息,不仅在字词学习上要如此,在逻辑推理技能、方法和态度情感价值观目标上更是如此。

3. 教学中加强比较环节,训练小学生的辨别能力

教师讲授知识时,要重视近似知识的比较。首先,在课堂教学中,教师呈现多个刺激并进行比较,能加深小学生对有关知识的印象;其次,比较也是教学内容深化的方法之一;再次,设置比较作业,对学生进行比较训练也非常重要。

4. 注意及时反馈,强化比较思维

教师对小学生的辨别活动进行及时的反馈,有助于小学生加强改正错误的正确反应;也有利于小学生认知技能的提高。

5. 发挥语言和操作对辨别的作用,掌握辨别技能

重视小学生的主观能动性,发挥语言和操作对辨别的作用。教师可以让小学生用口头语言描述自己的辨别活动,或者用书面语言写出辨别的结果。这有助于小学生加深印象,掌握辨别技能。

扫码查看 小学生语文学习中的辨别学习

【在线案例】

二、概念学习

(一) 概念学习的含义

概念是将事物的共同特征和本质概括成规范的陈述。概念学习是掌握概念的本质和理解概念的准确含义的过程。概念具有一定的抽象性,所以概念学习对小学低年级学生来说比较难。

(二) 小学生的概念学习

小学生的概念学习技能随着年级的升高不断发展进步,这与小学生的认知发展水平有关。概念学习的过程包括概念形成与概念同化。

小学数学中的概念学习比较多,一般为定义性概念。定义性概念是通过下定义揭示正例的共同本质特征的概念,如三角形的概念:由三条线段围成的图形(每相邻两条线段的端点相连或重合),称为三角形。但是语文学习中很多概念是没有规范定义的,如"鲸生活在海洋里,因为体形像鱼,许多人管它叫鲸鱼"。概念的性质不同,教学设计中对概念学习的要求和传授方法也应不同。

(三)促进小学生概念学习的教学策略

1. 引导小学生用自己的语言解释,掌握非定义性概念

非定义性概念是指教材中没有给出规范、确切的定义的概念。针对非定义性概念,教师可以提供模式,让学生采用该模式用自己的语言解释,使学生习得概念。如自然数的概念,在教材上没有具体确切的定义,没有用集合的观点给出抽象的概念,而是描写为"用来表示物体个数的 1、2、3……叫做自然数"。在这种情况下,教师可以给出学生"描述+例子"的模式,并让学生采用该模式用自己的语言解释,习得自然数的概念。这样不仅能使学生掌握自然数的产生、性质和意义,还能使学生理解和识别自然数。

2. 联系实际生活,帮助学生理解概念

很多概念或者来源于实际生活或者与实际生活有诸多联系,所以教师要联系实际生活帮助学生理解概念,小学的教学设计尤其要注意联系小学生的实际生活。如讲授"长方形"的概念,教师可以首先直接呈现长方形的概念,然后联系小学生的日常生活中出现的长方形的图案(如门、桌面等),来帮助小学生理解长方形的概念;教师也可以通过实例引入概念的讲解,如讲授"小数"的概念,首先用几件物品的标价(用小数标价)做例子,指出这样的数就是小数,再讲解小数的概念。这样可以使学生在建立起小数概念的同时,体会到小数的产生及其实际意义。

3. 迁移导入,促进新概念的学习

运用新旧知识的迁移是常见的讲授概念的方法,即用学生已有的知识来揭示出新概念的本质属性。如最简分数的概念,就是在学生已经掌握了因数、公因数这些概念的基础上引出"分子和分母只有公因数 1 的分数,叫最简分数。"这样,从旧知引出新知,增强了新旧概念的联系,使学生的认知结构更具逻辑性,提取运用概念时更便捷。

4. 创设问题情境,帮助学生掌握概念

小学生对于感兴趣的题目会进行认真思考,因此教师设置悬疑的、有趣的、有挑战性的情境,引发学生的求知欲和好奇心,帮助学生掌握概念。如数学教学中,教师设置情境,让学生生疑、好奇、产生胜负欲,引发其思考,会使学生对概念的理解效果更好。

5. 提供正例和反例,促进概念的学习

举例子是使学生理解概念的必要环节。例子可分为正例和反

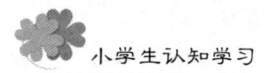

例。凡具有概念所揭示的本质特征的例子为正例,凡不具有概念所揭示的本质特征的例子为反例。如直角三角形、锐角三角形、钝角三角形、等边三角形都是三角形的正例;圆形、梯形、矩形为三角形的反例。

一般来说,正例有利于支持概念的概括,反例提供了有利于辨别的信息。学生接触的正例越多,越容易发现概念的共同特征,掌握概念越牢固。出示正例时应合理运用变式。变式即变化概念的非本质特征,保持概念的本质特征不变的例子。变式的运用能够使学生比较准确地掌握概念。

教学中教师讲解概念一般既要呈现正例也要呈现反例,以有利于学生掌握概念的本质、内涵和外延。

三、规则学习

(一)规则学习的含义

规则是指导和调节人的心理活动和行为的一系列指令或程序。规则不仅用于指导人的行为,而且用于指导人的心理活动。规则从其规定性上可以分为程序的规则和约束的规则。程序的规则是关于如何做的规则,其内容是一整套操作的程序和样本。约束的规则是对行为的控制和调节,规定在什么情况下应该怎么做,如纪律、道德、规章制度和守则等。

规则学习的两种方式

【素材文件】

(二)小学生的规则学习

小学生的规则学习内容丰富,如小学生入学后,主导活动由幼儿园的游戏活动转变为学习活动,需要遵守各种课堂要求(不能随意讲话、走动等),这是规则学习。小学学习内容中有很多规则学习,如学习四则混合运算的规则等。

(三)促进小学生规则学习的教学策略

"例—规法"和"规—例法"是小学教学中比较常见的规则讲授方法。一般认为"例—规法"由布鲁纳的发现学习而来。这一方法通常用在低学龄段、机械学习、规则比较简单具体的情境。"规—

例法"更适用于小学高年级,类似于接受学习。

教师在运用"例—规法"进行规则教学时,首先要重视例子的选择。具有典型性的例子,有助于学生发现其中蕴含的规则,顺利地透过现象看到本质。其次,要重视学生归纳能力的训练。启发学生从多个例子中归纳出规则,并反复练习,能提高学生归纳总结的能力。最后,要致力于提高学生利用规则解题的能力。

教师在运用"规—例法"进行规则教学时,授课方式很重要。因为"规—例法"是教师直接讲授规则,然后解释规则,再举例应用规则,最后给学生提供习题,让学生应用规则解决问题。所以教师要精心设计教学过程,使讲授深刻易懂;例子要由浅入深,包含运用规则的所有变式;还可以引导学生运用规则自编题目,从而加深对规则的理解。

最关键的是,规则是用来使用的,所以运用规则进行大量练习在两种学习方式中都极为重要。

第三节　认知技能的应用

技能既是个体适应环境的手段也是个体改造环境的手段;技能既用于个体获得经验也用于个体解决问题。所以,认知技能应用的主要体现是问题解决和创造活动。

一、问题解决

(一)问题解决的含义

问题是初始状态和目标状态之间有某种障碍需要加以克服的情境。问题的结构包括目标、已有条件和障碍三个成分。问题解决是指具有目标指向性,并依赖于认知的心理操作。在学校课程中,初始状态一般指题的已知条件;目标状态是题中的问题即所求;障碍是需要学生分析而得出的,不能从初始状态到目标状态的主要原因。

(二)问题解决的过程

问题解决的过程包括产生问题、表征问题、形成问题解决方案、实施解题方案和检验。

具身认知

1. 产生问题

问题的产生与人的知识经验有关。有一定知识经验的个体对完成任务有更具体和全面的分析,因而更可能预测到存在的障碍。上课时学生没有问题,不一定代表学生已经全部学会,也可能是因为不懂而提不出问题,即知识水平还未达到能提出问题的程度。

有时问题的产生具有直觉性。在遇到某种情境时,个体会不由自主地产生疑惑,也就是问题感。

2. 表征问题

表征问题指将问题情境中各个成分之间的关系用一定方式表示出来。对问题的表征也是理解问题情境的过程。如数学学习中学生拿到一道几何证明题,首先要画出相应的图即用图画表征,这也是在充分理解题意。

3. 形成问题解决方案

形成问题解决方案(策略)指找到克服系列障碍的方法或途径。包括找到运用的原理、规律及其应对的障碍点。

对于容易的问题,形成问题解决方案的关键是学生头脑中储备有足够的解题程序和模板。学生通过正确判断题目类型以使问题得以类化。类化就是将问题归类于一定的类型,从而根据头脑中储存的该类型问题的解决程序和模板解决问题。

对复杂问题的类化相对比较慢,因为复杂问题常常不能类化为某一单一的题型,需要重新组合多种类型题才能将复杂问题类化。对复杂问题的类化受学生的智力和训练程度等因素的影响。

4. 实施解题方案

当制订了解题方案后需要实施方案。实施方案的关键是训练有素。有的学生思维活跃、反应灵敏、接受知识比较快,但是在实际实施时却容易发生错误,如计算不准确、语言不符合逻辑等。此时教师要重视操作训练,如重视心算、口算技能训练或语言表达训练等。

5. 检验

检验是指对解题过程进行反思和审查,审查实施过程中的严谨性、逻辑性和准确性,以保证结果完全正确。不同的题型,检验方法不同;学生思维习惯不同,检验方法也可能不同。

(三)问题解决的影响因素

学生能否有效地解决问题受以下因素的影响:解决问题的动

机、知识经验、迁移能力、思维定势和原型启发等。

动机强度与性质决定了学生解决问题的质量、坚韧性和解决问题策略的选择;已有的知识经验是问题解决的必要条件,知识经验包括熟悉各种法则、定理、性质、规则,还包括一定的感性经验、题型储备和解题经验的积累;迁移能力指学生跨情境运用知识的能力。跨情境指相似但结构不同的情境,如数学应用题中经常有情境相同但条件和问题不同的题目,解答该题目需要应用变通思维,变通能力反映了学生迁移能力的高低;思维定势是先前的问题解决所造成的一种心理准备状态,定势有积极定势和消极定势;原型启发是以类似的事物为原型找到解决问题的方法和途径。

精加细工

(四)小学生的问题解决

1. 小学生问题解决的年龄特点

小学生在问题解决的五个步骤(产生问题、表征问题、形成问题解决方案、实施解题方案和检验)上有其年龄特征。

形成问题解决方案中存在个体差异。低年级时,由于问题的难度不大,大部分小学生能够成功地思考出解决问题的步骤;到了高年级,随着题目难度的增加,有部分学生不能独立形成问题解决方案。

实施解题方案中的个体差异。随着年级的增高,小学生实施解题方案的个体差异突显。年级增高,解题方案复杂度增加,实施解题方案时错误率增加,学生间的差距变大。例如,高年级小学生在计算数学题时,虽然掌握了运算定律,但运用过程中容易出现错误,不同的学生错误率不同。

时间线
事件线

专栏 4-1

实施解题方案中的个体差异

对低年级小学数学题和高年级小学数学题进行比较,思考小学生可能会遇到的困难有哪些。

低年级:你有 5 本书,爸爸又给你买了 5 本,小林借去 3 本,你还有几本书?

高年级:甲乙两城相距 425 千米,一辆客车和一辆货车分别从甲乙两地同时相向而行,客车每小时行驶 45 千米,货车每小时行

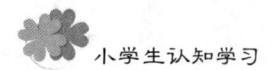

驶 40 千米,当两车相遇时,客车行驶了多少米?

分析:低年级的数学题比较简单,分析问题和形成问题解决方案并不难;高年级的数学题中分析问题和形成问题解决方案的难度增大。

低年级数学题的单位统一,学生在实施过程中不容易出错。高年级数学题的单位不统一,学生需要统一单位,在实施过程中容易出错。

根据以上案例,解析相应的小学生会遇到的问题点有哪些?

2. 小学生问题解决能力的培养

(1) 培养小学生的审题能力

为了提高小学生的审题能力,首先要让小学生正确理解题目中的概念,不可偏狭。其次要培养小学生处理信息的能力。如排除干扰因素、抓住主要因素、通过表面看到本质等。最后,引导小学生发现题眼,即引导小学生发现熟悉的题中出题者的考点。

(2) 问题呈现难易分层

利用梯度练习培养小学生解决问题的能力。由于小学生解决问题的水平存在个体差异,教师可将日常生活和教科书中的练习题根据难度分类,以确保设计的练习具有一定的梯度,难易分层、逐步呈现,帮助小学生逐步提升解决问题的能力。如在教"100以内的加减法"时,教师可以选择不同难度的几组问题,供小学生自主选择练习,且每次的题目难度要逐渐加大。

按照问题本身的逻辑性呈现问题。按照逻辑性呈现问题,不仅讲授了当前问题的解决方法,而且培养了类推和继续深入解决问题的能力,是锻炼小学生独立解决问题的重要方法。

(3) 引导小学生专注于掌握解决问题的过程

解决问题的过程也是思维的过程,教师要以出声语言或者书面表达的方式呈现自己找到解题方法的思维过程。在此基础上,引导小学生根据自己的理解内化教师找到解题方法的思维过程,将他人解决问题的过程变成自己的思维,如此才能在面对新的问题时,模仿思维过程,找到解决问题的突破口,找到新问题的解决方案。所以教师要致力于呈现自己的思维过程,使小学生专注于掌握找到答案的思维过程,以提高小学生独立解决问题的能力。

专栏 4-2

小学四年级上学期数学课上,在完成"将三组算式改写成一个综合算式"任务中,老师给出的算式是 $87+16=103, 85-79=6, 103\times 6=618$。

问题:(1) 教师如何促进学生表征问题即如何带领学生审题?

(2) 完成该题需要运用哪些认知技能即智力活动方式?

(3) 完成该题运用了哪些数学规则,如何引导学生在改写中运用规则,从而体现操作步骤和思维难易层次?

(4) 如何引导学生简化计算过程?

(5) 如何用语言精确陈述解题过程?如何进行本质概括?

二、创造活动

(一) 创造的含义

创造是指个体产生前所未有的、有社会价值的产品的能力或特性。创造是社会发展的载体,是国家人才培养的关键。

创造力是指个体产生新思想、新发现和生成新事物的能力。创造力是高级的、复杂的心理活动,也是心理学研究的热点领域。小学生也具有创造力,教师在教学过程中要关注小学生创造力的培养。违背科学的教育会影响小学生的创造力,如解题方式单一、填鸭式的教育形式等。

 创造力的特点

【素材文件】

(二) 创造活动的特征

创造活动是人类最复杂的活动之一。创造活动需要创造性思维,创造性思维的主要特征是发散性。美国心理学家吉尔福特提出,思维的发散性有三个特征:思维的流畅性,即在短时间内产生想法的数量,数量越多,思维越流畅;思维的变通性,即从一种思维转向另一种思维的速度;思维的独特性,即解决问题的方案与众不同的程度。

具身认知

创造活动以发散思维为核心,但以聚合思维为支柱(发散思维与聚合思维图式,见图4-2)。在多种答案中根据一个标准形成一个最佳答案的思维称为聚合思维。

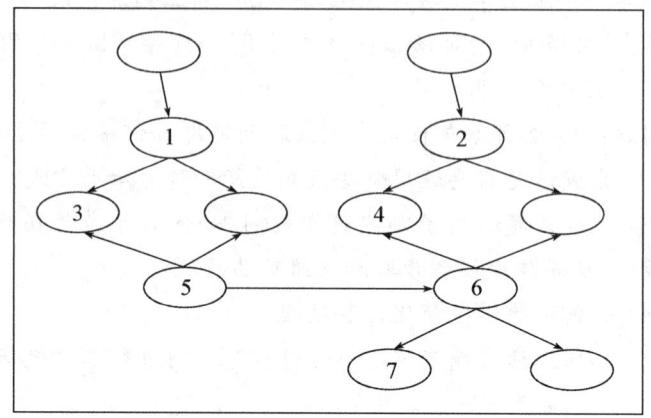

图4-2 发散思维与聚合思维图式

扫码查看 创造性思维的培养

【在线案例】

(三) 小学生的创造活动

1. 小学生创造活动的特点

小学生在生活中和学习上均表现出创造力。

首先,小学生的发散思维随着年龄的增加不断增长。低年级小学生的知识经验较少,活动方法欠缺。但是,中高年级小学生随着知识经验的不断增多、活动方法的不断积累,能够产生很多的异想天开的想法,导致发散思维发展。其次,小学生还能够运用聚合思维,针对一项目标完成发明创造。

再次,小学生创造活动的主动性会不断提高。低年级小学生的创造活动比较被动,很多创造活动应教师和家长的要求开展。随着年级的增高,小学生的创造活动越来越主动,创造意识日益浓厚。

2. 小学生创造力的培养

"为创造性而教"已成为当前教育界最重视的问题,教师要努力培养小学生的创造性。

(1) 创设有利于创造性发挥的环境

创造性具有不同于传统和标新立异的特点。严格的环境下，不允许有不同的观念，不利于小学生创造性的保护和发挥。兼容并蓄的环境中，教师对待不同于传统的观念的支持态度，易使学生获得安全感，并使其敢于进行质疑与创造。另外养成学生质疑、争辩、探索多种答案的习惯，也有利于创造性思维的培养。

(2) 运用启发式教学，保护学生思维的积极性和主动性

最常用的方法是鼓励学生主动参与问题的讨论。在讨论时，要鼓励学生主动提出问题和说出自己的想法。在讨论初期，学生可能提出的问题不着边际，回答的方式未必中肯，但也要鼓励。在讨论的过程中，教师应从旁辅导，引导学生说出自己多角度的思路。总之，教师应注意调动学生的思维，使其发散出去，而不是简单模仿教师的思路。

(3) 进行专门的创造性思维训练

专门的创造性思维训练有发散思维训练、头脑风暴法和戈登技术等。教师可以将思维训练融于课程教学中。

培养学生的创造力还要注意培养学生的语言能力、促进学生形成良好的思维品质，并重视在实践活动中培养学生的思维能力。

扫码查看 "小学生创造能力培养的研究与实验"研究报告

【拓展学习】

本章小结

技能是个体运用已有知识经验，通过练习而形成的合乎法则的操作或智力活动方式，包括认知技能和操作技能。认知技能是借助于内部言语在人脑中进行的智力活动方式。认知技能的形成过程包括认知定向阶段、简单操作练习阶段、初步整合阶段、熟练阶段和完善阶段。认知技能的学习包括辨别学习、概念学习和规则学习。教师必须根据小学生认知技能学习和应用的特点实施教学，指导学生运用知识解决问题、进行创造。

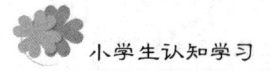

思考与练习

1. 什么是认知技能,在小学中的表现有哪些?
2. 结合某个数学问题解释认知技能形成的过程。
3. 如何培养小学生的创造力?
4. 教学中如何促进小学生独立解决问题?
5. 什么是戈登技术?

第五章　小学生的认知迁移学习

扫码查看
本章资源

知识图式

- 小学生的认知迁移学习
  - 学习迁移概述
    - 学习迁移的含义和实质
      - 学习迁移的含义
      - 小学学习迁移的关键点
      - 学习迁移的实质
    - 学习迁移的类型
      - 正迁移和负迁移
      - 顺向迁移和逆向迁移
      - 水平迁移和垂直迁移
      - 一般迁移和具体迁移
      - 同化性迁移、顺应性迁移和重组性迁移
    - 学习迁移的作用
  - 学习迁移理论
    - 早期的学习迁移理论
      - 形式训练说
      - 相同要素说
      - 经验类化说
      - 关系转换说
    - 当代学习迁移理论
      - 认知结构迁移理论
      - 产生式理论
      - 情境性理论
  - 促进学习迁移的教学
    - 影响学习迁移的因素
      - 学习材料之间的共同要素或相似性
      - 原有知识经验的概括程度
      - 学习情境的相似性
      - 学习定势和态度
      - 认知结构的特点
      - 学习策略的水平
    - 促进小学生学习迁移的教学方式
      - 小学数学学习中的学习迁移
      - 小学语文学习中的学习迁移

本章导学

"为迁移而教""授人以鱼不如授人以渔""教是为了不教",都是在倡导培养学生的学习迁移能力。本章在介绍了传统的教育心理学的学习迁移理论内容之后,侧重探索小学阶段促进学习迁移的教学方法。小学阶段促进学习迁移的教学方法的阐述分为语文和数学两个门类,主要呈现语文和数学课程的具体内容,讲授促进迁移的具体策略,重点阐述促进学习迁移的教学设计的步骤,以提高师范生促进迁移的教学设计的能力。

学习目标

1. 掌握学习迁移的本质和各种类型的学习迁移的含义。
2. 领悟各种学习迁移理论的观点,详述相关实验的过程和结果。
3. 能结合小学教学实践,论述运用学习迁移规律促进教学的方法。
4. 熟练掌握学习迁移技能,即能运用学习迁移技能进行教学。
5. 能指导自己的学生运用学习迁移规律进行学习。
6. 能熟练操作促进迁移的小学课程教学设计的步骤。

第一节　学习迁移概述

迁移是个体学习的方法,也是个体解决问题的策略。教师要掌握学习迁移的实质和类型。通过教学活动促进学生迁移能力的提高,是教师的重要任务之一。

一、学习迁移的含义与实质

(一)学习迁移的含义

学习迁移也叫训练迁移,指一种学习对另一种学习的影响,或已习得的经验对完成其他活动的影响。

学习迁移是已获得的知识、技能、学习方法或学习态度对学习新知识、新技能和解决新问题产生的影响；或者说是将学得的经验有变化地运用于另一情境中，促进该情境的掌控。举一反三、触类旁通、闻一知十，都是学习迁移。

只要有学习，就有迁移。迁移是新知识的学习，也是学习的继续和巩固，又是提高和深化学习的条件，还是解决问题的方法。重视内容与内容之间、题与题之间迁移的教学，才是高质量的教学，才能实现"教是为了不教"的教学目标，即教学是由教师将解决问题的方法传授给学生，学生从模仿到自己能类推独立解决问题的过程（如图 5-1，小学生识字的迁移）。

图 5-1 小学生识字的迁移

（二）小学学习迁移的关键点

在数学学习中，学生学习了加法有利于学习减法，学习了加减混合运算再去解决单一加法题时更容易，这是小学生的学习迁移。这两个例子使我们理解了学习迁移基本概念的表面含义。

真正掌握学习迁移，还需要掌握学习迁移发生的内部机制，以及作为教师根据该内部机制促进学习迁移发生的教学方法。在"学生学习了加法有利于学习减法"一例中，要使学习迁移发生，首先要找到先学习的内容和后学习的内容之间的关系。先学习的是加法、后学习的是减法，加法和减法的基本逻辑关系是"相反"。那么在实际教学中，是否可用二者的逻辑关系"相反"来促进小学生用已经学会的加法去理解减法，尚需论证。加法是加入，相反就是去掉，小学生的头脑中已有该逻辑，能理解该逻辑，所以可以使用"相反"这一逻辑关系促进学生从加法到减法，实现学习迁移。因此，在该例证中，强调二者之间的逻辑关系是促进迁移的关键。所以教师在讲授时，要反复强调"相反"这一逻辑，"加法是多了，我们加进去，而减法是少了，我们减掉它"，"今天学习的减法和加法相反，是加上和去掉"。

可见,在促进学习迁移的教学中,从学生能理解的关系入手寻找迁移的关键是方法之一。教师要充分发挥先学习的内容对后学习的内容的促进作用,从已知到新知,促进迁移的发生。要注意的是,迁移的关键是关系,但是关系有很多种,如逻辑关系、时间关系、空间关系、对立关系、相反关系、承接关系等,从何种类型的关系入手促进学生学习迁移,要根据学生已有的经验、题目类型等因素去寻找最简捷有效的关系。

专栏 5-1

迁移的关键点在哪里?

在下面两道数学题中,教师为促进学生解题时迁移的发生,在教学时应强调什么,才能使第一题的解决经验有利于第二题的解决?

1. 小红有 8 支铅笔,妈妈又给了她 2 支,小红现在有几支铅笔?

2. 妈妈拿走了小红的 2 支铅笔,小红原来有 8 支铅笔,小红现在有几支铅笔?

(三) 学习迁移的实质

学习迁移的实质是新经验和旧经验整合的过程。更深入的迁移是认知结构的改变和新的操作程序的形成。包括新知识的掌握,改变已有的认知结构,形成更新的认知结构;学生对已经掌握的知识、技能等各种形态的信息进行重组,形成新的操作程序等。

二、学习迁移的类型

(一) 根据迁移性质的不同,学习迁移可分为正迁移和负迁移

正迁移也叫助长性迁移,是一种学习对另一种学习的积极影响。即一种学习对另一种学习起到了促进作用。如举一反三、触类旁通一般指的是正迁移;数学中,学习了小数之后有利于学习百分数,也是正迁移。

负迁移也叫抑制性迁移(见图 5-2),是一种学习对另外一种学习的消极影响,即一种学习对另一种学习起到了阻碍作用。如学习了中文拼音字母对学习英文字母的影响。

根据迁移的性质，教师在课堂教学中要尽量促进正迁移的形成，防止负迁移的发生。

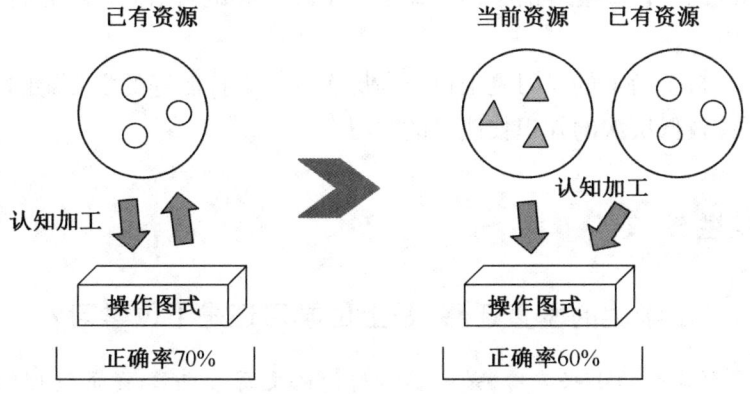

图 5-2　负迁移认知图式

克服小学生学习数学中的负迁移

【在线案例】

（二）根据迁移发生的方向不同，学习迁移可分为顺向迁移和逆向迁移

顺向迁移是指先学习的知识和技能对后学习的知识和技能产生的影响；逆向迁移是指后学习的知识和技能对先学习的知识和技能产生的影响。

（三）根据迁移内容的抽象和概括水平不同，学习迁移可分为水平迁移和垂直迁移

知识内容的抽象和概括水平包括难度、复杂程度和概括层次等方面。根据产生迁移效应的知识内容之间在难度、复杂程度、概括层次方面的关系，可将迁移分为水平迁移和垂直迁移。

水平迁移也称横向迁移，是两种难度、复杂程度、概括水平相同的内容之间的迁移，即同一水平知识之间产生的影响。例如，直角、钝角、锐角的学习间的互相影响。

垂直迁移也称纵向迁移，是两种难度、复杂程度、概括水平不同的内容之间的迁移，即不同水平知识之间产生的影响。例如，角概念的学习对直角概念学习的影响。

其中垂直迁移包括自下而上的学习和自上而下的学习。自下而上的学习是下位较低层次的知识技能等的学习影响了上位较高层次的知识技能等的学习。如学习了减法对做四则混合运算题的影响。

自上而下的学习是上位较高层次的知识技能等的学习影响了下位较低层次的知识技能等的学习。

专栏 5-2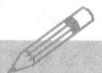

小学生的垂直迁移：是上位学习还是下位学习？

《美丽的小兴安岭》是一篇极好的语文写景文章，是阅读理解、写作训练的素材范本。在教学时，教师首先让学生在课文中找出表示时间的词语：春夏秋冬。以此引导学生发现文章是按春夏秋冬的季节顺序写作的。然后教师进行了概括，该文的写作是按照季节的顺序，季节顺序写作的文章归类为时间顺序。所以本文的写作顺序是时间顺序，并板书时间顺序。

教师继续启发学生，时间除了春夏秋冬还有什么？根据学生的回答教师总结，年月日时分秒、早晨中午晚上等。教师总结，这些也是时间顺序的体现。并在继续进行的讲解中，反复强调春夏秋冬，让学生对时间顺序体会深刻。

最后，给学生留一篇课文《观潮》，让学生按照本节课所讲的内容，找出它的写作顺序。

（四）根据迁移内容的不同，学习迁移可分为一般迁移和具体迁移

一般迁移也称非特殊迁移，普遍迁移，是指一般原理、规则、概念、原则和态度的学习之间的相互影响。如学会查字典对学习汉字或拼音的影响。

具体迁移也称特殊迁移，是指一种具体的、特殊的经验迁移到另一种学习中。如加法学习对减法学习的影响。

（五）根据迁移的内在心理机制的不同，学习迁移可分为同化性迁移、顺应性迁移和重组性迁移

同化性迁移是指不改变原有的认知结构，直接将原有的认知经验应用到本质特征相同的事物中去，使原有的认知结构得到

充实。

顺应性迁移是指将原有的认知经验应用到新情境中去时,需要调整原有的经验或对新旧经验加以概括,形成一种能包容新旧经验的、更高一级的认知结构,以适应外界的变化。

重组性迁移是指重新组合原有的认知系统中某些构成要素或成分的关系,或建立新的联系,从而应用于新情境。

根据不同的知识体系,学习迁移的分类体系也不同,除了上文提到的分类体系之外,另外一种分类体系如图 5-3 所示。

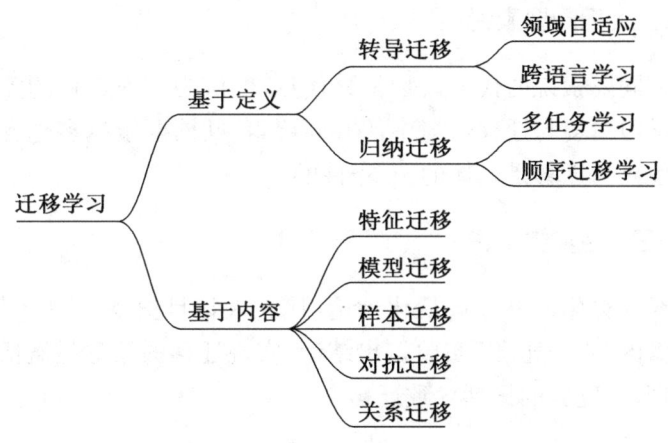

图 5-3 学习迁移的其他分类体系

三、学习迁移的作用

第一,对提高解决问题的能力有直接的促进作用。

第二,学习迁移是使习得的经验概括化、系统化的有效途径,是能力与品德形成的关键。

第三,迁移规律对学习者、教育工作者和相关的培训人员具有重要的指导意义。

第二节 学习迁移理论

早期的学习迁移理论建立在实践或实验的基础上,具体而生动;当代的学习迁移理论概括而深刻,更适合复杂的学习活动。

一、早期的学习迁移理论

（一）形式训练说

形式训练说是最早的迁移理论，代表人物是沃尔夫，以官能心理学为基础。主张迁移要经历一个形式训练过程才能产生，把迁移看作是通过对组成"心智"的各种官能分别进行训练来实现的。他主张迁移的发生是无条件的、自发的。

（二）相同要素说

相同要素说的代表人物是桑代克，他认为实现迁移的关键因素是学习情境与迁移情境中的共同要素，共同要素越多越容易迁移。他认为迁移是具体的、有条件的。

（三）经验类化说

经验类化说也称概括化理论，代表人物是贾德。1908年，贾德所做的"水下击靶"实验得出结论：实现迁移的关键是概括出一般原理，对经验的概括导致迁移。

（四）关系转换说

关系转换说也称关系理论、转移理论，代表人物是苛勒。苛勒做了"小鸡觅食"实验，认为迁移的关键是"顿悟"情境之间的关系，特别是"手段—目的"之间的关系。事物之间的关系促进迁移。

> 扫码查看　贾德的"水下击靶"实验和苛勒的"小鸡觅食"实验

【拓展学习】

二、当代学习迁移理论

（一）认知结构迁移理论

认知结构迁移理论的代表人物为布鲁纳、奥苏伯尔。认知结构迁移理论指出，学习新知识时，原有认知结构可利用性高、可辨别性大、稳定性强，就能促进迁移。"为迁移而教"实际上是塑造学生良好认知结构的问题。凡是已形成的认知结构影响新的认知功能之处都存在着迁移。

（二）产生式理论

产生式理论的代表人物是安德森，他提出两项任务之间产生式的重叠越多，迁移量就越大。两项任务之间的迁移，是随共有产生式的多少而变化的。产生式是认知的基本成分，由一个或多个"条件—动作"配对构成。

（三）情境性理论

该理论的代表人物是格林诺。他认为迁移的关键是以不变的活动结构来适应不同的情境，这种活动结构的建立既取决于最初的学习情境，又取决于后来的迁移情境。

[扫码查看] 学习动机、学习迁移与学习理论

【素材文件】

第三节　促进学习迁移的教学

教师教学的任务之一是促进学生学会迁移。因此，教师要研究和开发促进小学生学习迁移的教学方式。

一、影响学习迁移的因素

（一）学习材料之间的共同要素或相似性

根据桑代克的共同要素说，两个学习内容之间共同要素越多越有利于迁移。因此，在学习中，掌握学习材料之间的相同点和不同点，并对其进行辨别，这是促进迁移的重要条件。

（二）原有知识经验的概括程度

根据贾德的概括化理论，能概括出一般原理，有利于学习迁移。因此教师要不断加深学生对基本概念和原理的理解，促进学生实现对知识经验的概括，以促进学习间的迁移。

（三）学习情境的相似性

根据格林诺的情境性迁移理论，教师应提供与知识应用的情境相似的环境，促进迁移的发生。

（四）学习定势和态度

定势是一种心理准备状态，学生有迁移的心理准备和迁移的心向，更有利于迁移。

（五）认知结构的特点

根据布鲁纳和奥苏伯尔的认知结构迁移理论，认知结构的组织特点会影响解决问题时提取知识经验的准确性，从而影响迁移。

总之，迁移是认知技能中的一种，认知图式（见图5-4）更能直观揭示迁移的内在机制。

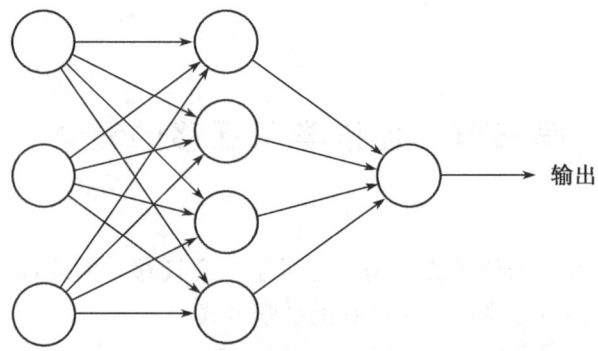

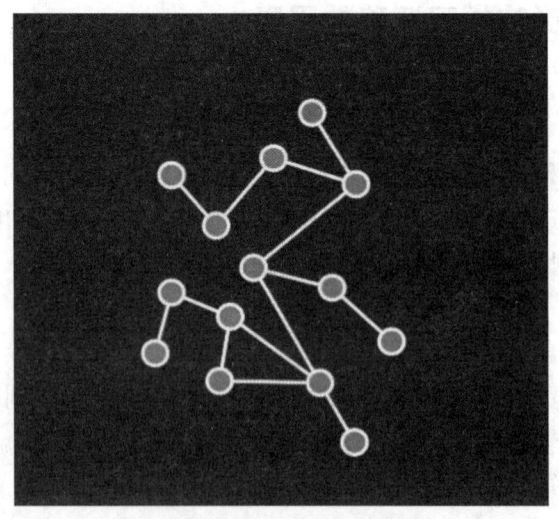

图5-4 迁移的认知结构图

（六）学习策略的水平

小学生迁移能力差，初、高中阶段的学生迁移能力较强，这与所使用的学习策略相关。

二、促进小学生学习迁移的教学方式

专栏5-3

数学题的迁移式讲解

1. 小红有8支铅笔，妈妈又给了她2支，小红现在有几支铅笔？

2. 妈妈拿走了小红的2支铅笔，小红原来有8支铅笔，小红现在有几支铅笔？

比较分析：

显然第二道题比第一道题复杂得多，对有些小学生来说第二道题特别难，此时教师的责任重大。教师首先要分析这两个题之间的差异：第二道题涉及三个顺序上的错位。

第一道题是加法题，第二道题是减法题；

第一道题非常简单，8加2,2加8都可以；第二道题必须是大数8减去小数2；

第一道题感知顺序与思维顺序以及算式顺序一致；第二道题感知顺序与时间顺序、思维顺序以及算式顺序不同，必须是用后边的8减去前边的2；

在教学顺序上，第一道题的讲授在先，第二道题的讲授在后。作为教师，在讲解第一道题时就应该为第二道题的迁移做好设计。如果教师能做到这一点，第二道题也是一道容易题。

（一）小学数学学习中的学习迁移

迁移是数学学习中的一种普遍现象。数学学科是一门逻辑推理比较强的学科，所以在解决数学问题时，运用学习迁移的概率更高。

数学知识之间的相互影响，主要依赖的是数学知识之间的逻辑关系，培养推理论证能力是促进数学学习迁移的总方法。

数学学习中的迁移具体包括已有经验的具体化、新课题的类

化过程、类问题的概括化、新旧经验的整合协调过程和实施中具体操作的迁移等。

比较深入的迁移是认知结构的改变,包括学生对已经掌握的不同数学知识进行组合,以形成新的数学知识;数学新知识的掌握,在某种程度上改变着已有的数学认知结构。

1. 强调逻辑关系

教学中强调知识间或问题间的逻辑关系,以促进学生学习的迁移。在前文的例子"先学习了加法再学习减法"中,"相反"这一逻辑是迁移的关键,所以教师要反复强调"相反"这一逻辑,以便促进小学生在加法学习和减法学习两者之间进行学习迁移。

具体做法为:教师要抓住知识和问题间的具体逻辑关系,用精炼的词语表达加法和减法是"相反"的;用具体的通俗语言解释"一个是多了、增加了,一个是变少、减少了";用实际动作演示"加进去、拿走";让学生反复体会二者的逻辑关系,从而实现迁移。

2. 寻找通用原则

教学中寻找、强调解决相关联问题的通用原则,促进学生学习的迁移。对于有关系的两个或多个问题(这种关系可以是递进关系,也可以是同类关系等),教师要找到学生思考的一个通用原则,学生按照简单易记的通用原则去做,轻松解决诸多问题,实现迁移。

在专栏数学题的迁移式讲解中,有教师可能将"必须大数在前,小数在后"作为通用原则,但该原则无法与加法运算中"也可以小数加大数"的原则统一使用。不通用的原则,增加了思维的不确定性,造成混乱和焦虑,耗费心理能量。

实际上,讲授该题时,教师如果把重点放在"一定要以小红最初有的作为第一个数,然后进行加或减"作为通用原则,则完全理顺了三个错位:时间错位理顺为最初拥有的数量在前,后来发生的在后;思维错位理顺为以最初有的数量为思考的起点;算式错位理顺为最初拥有的数量在加减号前。

在此原则指导下,无论加法还是减法,无论感知顺序是后发生的在前还是先发生的在后(即无论表述顺序),永远以最初拥有的量(数字)作为第一个数字,这一原则通用于加法和减法,减少了加法和减法在这类问题上的多余思维。

教师强调这一原则,并让学生反复建立新的认知结构、反复实践,最后达到建立稳固的思维定势,从而对该逻辑的使用驾轻就熟。

3. 重视顺序

设计课程内容的顺序和练习题呈现的顺序,促进迁移路径有逻辑地形成。在专栏数学题的迁移式讲解的两个题中,根据难度梯级,这两道题之间显然存在着中间题。

1. 小红有 8 支铅笔,妈妈又给了她 2 支,小红现在有几支铅笔?

2. 小红有 2 支铅笔,妈妈又给了她 8 支,小红现在有几支铅笔?

3. 小红有 8 支铅笔,妈妈拿走了 2 支,小红现在有几支铅笔?

4. 妈妈拿走了小红的 2 支铅笔,小红原来有 8 支铅笔,小红现在有几支铅笔?

在促进学习迁移的课程设计中,设计课程内容的顺序和练习题呈现的顺序,可以形成促进迁移的路径,具体方法如下:

第一步,教师要穷尽一个系列的所有问题(类似于命题分析),然后找到解决问题的通用原则,这一步非常重要。因为在学习一个系列的问题时,如果中途改变了思考的原则,小学生思考时会无所适从或增加了一个区分的环节,于是错误概率随之增高。

第二步,根据问题的系列确定课程内容的顺序。在本例中,从第 1 类题至第 4 类题是讲授课程的顺序。

第三步,讲授第 1 类题,传授通用原则。这一步的方法是上位学习法,即先讲具体的题,然后总结出原则:以最初拥有的量(数字)作为第一个数字。

第四步,反复做第 1 题的类型题。其方法是下位学习,即先说出通用原则,然后开始具体的解题步骤。反复用语言强调,以小红最初拥有的量(数字)作为第一个数字。巩固通用原则。

第五步,讲授第 2 题,提问通用原则。这一步的方法是下位学习,先提问通用原则"第一个数字是什么?"然后在新的问题中运用通用原则,实现学习迁移。

在此过程中,教师要注意严格实践数字顺序,因为第 2 题是可以不按照通用原则的顺序进行操作的,但是此时小学生认知的复杂程度不适宜如此变通,所以为了保证通用原则迁移到解决新问题上来,可以先不讲变通。

第六步,反复做与第 2 题相同的类型题。方法是下位学习,即先说出通用原则,然后开始具体的解题步骤。反复用语言强调"以小红最初拥有的量(数字)作为第一个数字",巩固学习迁移。

第七步,讲授第 3 题。此时因为涉及了两个关键点,一个是加

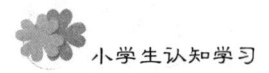

法到减法，一个是数字顺序通用原则的迁移。所以根据前文所述，教师促进学习迁移的任务点有两个：根据"相反"这一逻辑，实现从加法到减法的顺向正学习迁移；采用通用原则，实现确定数字顺序的迁移。

根据"相反"这一逻辑，实现从加法到减法的顺向正学习迁移的方法，前文已经讲过。此时通用原则的迁移仍然采用下位学习的方法，先提问通用原则"第一个数字是什么？"，然后在新的问题中实施通用原则，实现学习迁移。

这种设计通过反复重复、复习、练习，牢牢巩固了通用原则，促进了迁移。

第八步，反复做第3题的相同类型题。方法是下位学习，即先说出通用原则，然后开始具体的解题步骤。反复用语言强调"以小红最初拥有的量（数字）作为第一个数字"，巩固学习迁移。

此处需要给予学生更多的练习时间和练习机会，因为此处要实现两个学习迁移。时间和练习越多，刺激与反应之间的联结越牢固，即问题与迁移方法之间的关系越密切。而且给予更多的时间还可获得霍桑效应，即气氛效应，指被教师特别给时间厚待的课程内容学生会认为更重要，学生会自觉或不自觉地重视和努力。

至此已经多次反复在不同的情境中使用了通用原则，体现了桑代克的练习律，促进了迁移，牢牢巩固了通用原则，并使通用原则根深蒂固。

第九步，讲授第4题。此时通用原则的迁移仍然采用下位学习的方法，先提问通用原则"第一个数字是什么？"然后在新的问题中实施通用原则，实现学习迁移。

本来第4题是最复杂的题，但是因为前面的反复重复、复习、练习，牢牢巩固通用原则，学生对通用原则已经耳熟能详，所以能轻松解决本问题，复杂的第4题变成了简单题。这正是教师促进学习迁移的目的。

第十步：在四种问题情境中使用通用原则。将四种类型题顺排和混排，让学生自己解决问题，使用通用原则，进行迁移练习。

注意，在学生没有达到能将通用原则熟练地甚至自动化地使用时，不可同时呈现这四类问题，也不可混排该四类问题，即不具备整合的条件时不能进行集中练习。但条件具备了，必须进行四类问题混排的整合集中练习，才能达到迁移能力的提升。

4. 善用比较归类

用比较归类加以区分和鉴别，打破负迁移，提高学生掌握知识的准确性和加强深刻性。负迁移在数学学习中出现的概率比较高。例如,在教授"两位数的大小比较"时,课本中总结到,当两个数的位数不同时,可以判定,位数多的数大;当位数相同时,只比较左起第一位上的数。这样的总结对于学生而言,是非常适用的,简单易懂、可操作性强。

但因为这一规则只适用于整数,并不适用于小数,当学习小数的比较时,如果还记得这个规则,采用该规则判断,会出现错误。不用该规则就要首先在思维中排除该规则,耗费了心理能量,可见学习整数比较时采用的规则对学习小数比较起到了消极作用,产生了负迁移。为防止出现这类负迁移,教师要将教学的重点放在区分鉴别上,反复比较两种题使用的规则,才能避免负迁移。

因而在教授小数大小比较时,要将重点放在讲授小数比较和整数比较的区别上。小数比较,先比较整数部分,再比较小数部分。这样就有效地防止了先前学习的整数比较原则所造成的负迁移,反而使先前学习的整数比较的原则起到了正迁移的作用。

(二)小学语文学习中的学习迁移

在小学语文教学中,首先,教师要和数学教学一样,将注意力放在学生主体身上,要根据学生的基础和能力选择教学方法。另外,教师还要考虑语文学习自身的特点,一方面,语文教学可以呈现超出学生基础和能力的内容,以促进语文学习的迁移。这方面需要注意的是,教师讲授的内容虽然可以超出学生的基础和能力,但需要在最近发展区内;而且讲授时要循序渐进,达到掌握学习的要求。另一方面,教师可以呈现相对比较成熟的语言艺术,起到熏陶作用,大幅度促进学习迁移。

1. 传授象形字的规律,促进字词的学习迁移

汉字因为其象形的特点,字词学习的迁移很普遍,形、音、义均可迁移。教师在教学的过程中重视解释字词的象形结构、典故由来、词的本义和引申义,能培养字词表征的通用规则和联系,使学生养成迁移的习惯和提高迁移能力。由此,学生能在课堂未学过的情况下,自己学会很多字词及其含义,这是人类学习母语的重要方式,实质就是学习迁移。

2. 提供丰富的材料,促进学习迁移

成功的迁移受到初始学习情境的影响。在语文学习中,初始情境信息越丰富,与未来的学习内容相联系的可能性越大,未来学

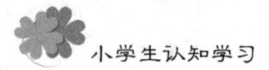

习迁移的可能性也越大。相反,当学生用学习情境中材料的细节和过于具体的无关信息来详细解释新材料时,知识容易受到情境制约,迁移性越小;学生在单一而非复合的语文情境中学习,知识与知识间的迁移往往相当困难。

语文学习与其他学科的学习不同,即使学生缺乏基础的内容或者不是本学期的课程标准规定的内容,也可呈现在课程中,只是该部分内容不作为课程讲授的重点,甚至不需要讲解。因为语文更需要在丰富的知识背景中学习,才能产生更大的迁移。

所以,语文教学可让学生精细加工部分内容,内隐学习其他内容,每部分都起到迁移的作用,扩大迁移范围。教师提供的刺激材料应尽可能地丰富,尽量采用文学中的精华,并要充分突出主题或本质特征。

3. 通过重组信息,培养迁移能力

在教学过程中,还可以适当地选择与所教文章的某方面相同或类似的文章进行比较阅读,然后让学生重组各项内容,培养学生的迁移能力。如教授郦道元的《三峡》时,可以让学生去阅读李白的诗《早发白帝城》、刘白羽的散文《长江三峡》、余秋雨的《三峡》等,其他描写三峡的作品。然后让学生简单地或者整合性重组,比如按水、山、春、夏、秋、冬分类,让学生把四篇文章中的描写按类别重新放在一起或整合在一起,以此加深学生对文章的理解,如更充分理解文章的结构特点与思想内涵等;促使学生欣赏不同风格的描写,比较用词不同所体现的美的差异和作者的情感差异;也使学生通过相同与不同的文体间的互相比较,掌握不同文体的风格。显而易见,这种重组式的学习,对以后学习的迁移作用巨大。

4. 注重类化训练,培养迁移能力

在小学语文教学中进行类化训练,也有助于促进学生的迁移学习。教师将知识归类并向学生呈现每类的规律,小学生在学习新知识时首先根据新知识的某一个或者某几个特点将新知识纳入某一类中,这样能获得新知识的定位信息,明确新知识的上位知识和下位知识,即能进行迁移学习。

如在语文学习中,小学生将文章中的客观描写类和主观色彩类区分开来非常重要。教师可以以一篇文章为例,讲述客观描写的特征及其要求和主观色彩的特点及其要求,对二者进行理论和实际的区分,使学生学会归类。然后选择其他的文章让学生进行练习,促进学生的迁移学习。经过几篇文章的比较阅读,学生对客观描写和主观色彩各自的特征和差异能够弄懂吃透,即可以迁移到对课外文章分析理解中去,并能迁移到写作过程中,提高语文学习的能力。

扫码查看 声音描写的归类及其迁移

【在线案例】

5. 将内容系统化、结构化更有利于学习迁移

到了小学高年级,呈现系统化和结构化的知识体系对语文学习非常重要。学习内容系统化、结构化能够促进学习迁移,使学习活动事半功倍。

系统化和结构化既可以是教师呈现系统图、表或者列出知识体系的文本,也可以是让学生自己总结关系图、表或者列出知识体系的文本。如关于修辞手法及其作用,教师先让学生阅读课本中的相关内容,使学生思维中有了部分修辞手法的例证后,教师再将所有的修辞手法及其作用系统呈现(见表 5-1),呈现后首先让学生记忆,学生熟悉后教师再结合课文中的句子讲解,最后让学生做练习。这样的教学,其效果高于单纯的讲解。

表 5-1 常见的修辞手法及作用

修辞手法	作用
比喻、拟人	生动形象,富有表现力
排比	句式整齐,富有气势,具有感染力
夸张	突出强调
设问	引起读者的阅读兴趣或引起读者的注意和思考
反问	强调,增加肯定或否定语气
对偶	句式整齐,节奏感强,具有韵律美,语言凝练
反复	突出思想,强调情感

教师每学期知识的讲授,也要将具体化和系统化相结合。在具体讲解后或者具体讲解前,先呈现全部知识点,让小学生头脑中有知识结构图,有利于形成认知图式,促进小学生形成认知结构,不仅有利于知识的存储、提取和应用,而且有利于迁移。

总之,在小学语文和数学教学中,教师应根据教学内容选取、运用与之相适应的学习迁移的关键点或者原则,有逻辑顺序地做好教学设计,促进学生学习的正迁移,并尽量避免负迁移,以更好

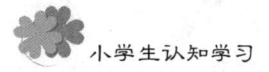

地完成教学任务。

本章小结

本章内容包括学习迁移的类型、学习迁移理论、影响学习迁移的因素和促进迁移的教学,这些内容对于学生和教师都很重要。学习迁移理论是教育心理学中的三大块理论(学习理论、学习动机理论、学习迁移理论)之一,更需要重点学习。

思考与练习

1. 找出一个问题系列的所有问题,并找到思考该系列问题的通用原则;并设计能体现通用原则的讲解语言。

2. 找到语文教学中容易产生顺向负迁移的内容,并论述防止负迁移的方法。

3. 列出小学五年级各学科课本中 10 对能进行学习正迁移的内容和 10 对可能发生负迁移的内容。

4. 归纳本章提到的教师教学时促进学习迁移发生的关键点。

5. 在小学三年级数学课本中找到 3 个可用于促进迁移的关键点。

第六章　小学生的学习策略

扫码查看
本章资源

知识图式

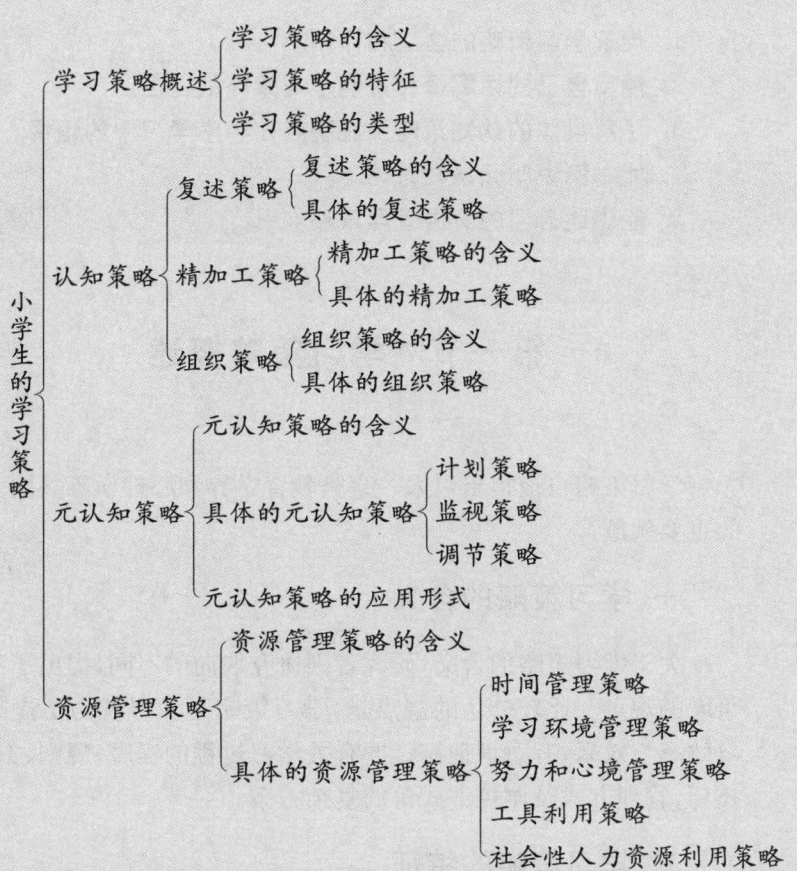

具身认知

本章导学

学习策略与学习密不可分。学习策略有助于提高学习效率，形成自主学习的习惯。在心理学和教育学文献中，可以看到诸多关于学习策略的论述。如孔子的"学而不思则罔，思而不学则殆"，法国卢梭的"形成一种独立的学习方法，要比获得知识更为重要"，都在强调学习策略对个体学习的重要性。本章主要阐述学习策略中迈克卡的理论，迈克卡的学习策略图是本章最重要的内容，元认知策略是本章的难点。

学习目标

1. 理解学习策略的含义和作用。
2. 能用自己的话解释和说明学习策略的特征。
3. 了解具体的认知策略并说明其在小学学习中的运用。
4. 能举例说明元认知策略。
5. 能讲述自己的资源管理策略。

第一节 学习策略概述

学习策略自被提出以来一直是教育学界和心理学界共同关注的重要领域。

一、学习策略的含义

关于学习策略的含义，研究者因研究取向的不同，提出了不同角度的观点。比较公认的观点是，学习策略是学习者为了提高学习效率与效果，有意识地制订的有关学习过程的程序、规则、方法、技巧、管理方式及调控方式等的复杂方案。

二、学习策略的特征

学习策略最主要的特征是指向学习的高效率和良好效果，个体的学习策略有好坏之分。

（一）目的的指向性与意识的主动性的有机结合

学习策略是学习者围绕学习要达到的目标而选择和运用的，始终具有目的指向性。如学习用于解决问题的原理，学习者会选择精加工策略；而学习回答填空题或简答题的内容，学习者会选择复述策略。学习策略是学习者主动采用的，儿童即使不知道学习策略，也会主动采用学习策略进行记忆。

（二）实施的操作性与过程的调控性的有机结合

学习策略直接指向实施，是操作策略，学习者根据计划方案中的程序直接进行学习活动。学习策略还监视与调节学习活动，其调控的方式包括利用学习策略直接干预认知方式和对学习过程进行监视与调节。

（三）操作的外显性和调控的内隐性的有机结合

学习策略的外显性指有些学习策略的运用能够被观察得到，体现出外显性；内隐性是指学习策略对学习的调控是在头脑中借助内部言语进行的内部意向活动，内隐性是学习策略的本质属性。

（四）当前的有效性和延后的迁移性的有机结合

在运用学习策略时，学习效率立即提高，体现了学习策略的当前有效性。而这种有效性又驱使学习者把学习策略迁移到类似的学习情境中去。

【扫码查看】学习策略与学习方法的联系与区别

【素材文件】

三、学习策略的类型

迈克卡等人将学习策略概括为认知策略、元认知策略和资源管理策略（见图6-1）。

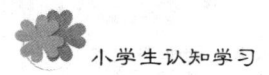
具身认知

```
                    ┌ 复述策略:重复、抄写、做记录、划线等
         ┌ 认知策略 ┤ 精加工策略:想象、口述、总结、做笔记、类比等
         │          └ 组织策略:组块、选择要点、列提纲、画地图等
         │          ┌ 计划策略:设置目标、浏览、设疑等
学习策略 ┤ 元认知策略┤ 监视策略:自我检查、集中注意、监控领会等
         │          └ 调节策略:调整阅读速度、重新阅读、复查等
         │          ┌ 时间管理策略:建立时间表、设置目标等
         │          │ 环境管理策略:寻找固定场所、安静空间等
         └资源管理策略┤ 努力管理策略:归因与努力、调整心境、自我强化等
                    └ 社会资源利用策略:寻求教师、伙伴帮助等
```

图 6-1　学习策略类型的系统图

认知策略是指学习者为达到预先设定的认知目标而采用的加工信息的方法和技术。认知策略因所学知识的类型的不同而有所不同，陈述性知识的认知策略包括复述策略、精加工策略和组织策略，程序性知识的认知策略主要有模式再认策略和动作系列学习策略。

元认知策略是学习者对自己认知过程的调节和控制策略，包括计划策略、监视策略和调节策略。

资源管理策略是辅助学生管理可用环境和资源的策略，有助于学生选择环境并适应环境以优化自己的学习过程。它包括时间管理策略、环境管理策略、努力管理策略和社会资源利用策略。

第二节　认知策略

认知策略同认知技能一样高级而复杂，本节介绍的仅仅是学生学习中常用的认知策略。

一、复述策略

（一）复述策略的含义

复述策略是运用语言或者表象重现识记过的材料以防止遗忘的学习策略。

（二）具体的复述策略

1. 重复

在小学生的学习中,重复是比较常见的一种学习策略。一般有两种方式,一种是口语的表达,如学生重复教师的话语或跟随教师复读公式、定理等;另一种是抄写,如对于一些重要的解题步骤、公式、定理、规律等,让学生进行抄写,规范书写格式,加强记忆。

在小学数学"小数乘法"中的《小数点搬家》一课的讲授中,教师让学生复述"一个数的小数点向右移动一位,得到的数是它的 10 倍""一个数的小数点向左移动一位,得到的数是它的 1/10"等重要内容,即采用了重复的学习策略。对于这类重要定理,教师在课堂上反复提问多个学生、让每个学生重复两到三遍或抄写,能加深学生对该知识的记忆。

重复策略要求教师在教学时应注意:讲课速度适当;重复重要内容;把重要的知识点写在黑板上等。

2. 划线

划线通常在学生阅读或者解题时运用,如讲解题目"……哪辆自行车的车身长?"时,教师让学生将重点词划线,学生则将"车身长"划线。又或者在学习一些定理时,如三角形的三边关系定理"三角形任意两边之和大于第三边",请学生将"任意"一词进行划线。通过划线能突出关键信息,有利于学生认知筛选并掌握重点。

扫码查看　划线的作用

【在线案例】

3. 做记录

在《三角形内角和》一课的教学中,教师为学生提供五个不同的三角形,分别是一个锐角三角形、一个直角三角形、一个钝角三角形以及学生自己任选的两个三角形。教师引导学生对三角形的内角和进行探究,即首先测量三角形的各个内角的度数,并记录在表格内,然后计算出内角和并做好记录,使学生自己发现三角形的内角和是 180 度。具体的活动记录表 6-1 如下。

表 6-1 三角形的内角和记录表

三角的形状	每个角的度数			三个内角的和
锐角三角形				
直角三角形				
钝角三角形				
自选三角形 1				
自选三角形 2				

做记录不仅能使学生对数据一目了然,而且能帮助学生掌握数据信息的处理方式。

4. 复习

复习是对已学习的知识的回顾。在小学数学学习中,复习可以是当学生遇到比较难的问题时,去翻阅以前学过的知识来解决问题;可以是教师设计的进行单元复习的教学活动;也可以是教师指导学生搜集错题进行重做,如定期指导学生收集整理以前的错题,并在错题本上反复重做;还可以是教师梳理学生的错误,融入自己的教学设计中,以达到复习的效果。复习的方式多种多样,教师可根据学生的特点来创新复习的方式并指导学生创新复习方法,以期达到良好的学习效果。

二、精加工策略

(一) 精加工策略的含义

精加工策略是一种对学习内容进行深度加工的策略,是学习者运用头脑中已有的知识理解新信息,并试图在原有的认知结构中找到新信息可以存储的恰当位置,从而实现对新信息的深度理解的策略。精加工也有不同的层次,个体不同层次的精加工如图 6-2 所示。

(二) 具体的精加工策略

精加工策略可以分为两大类,即人为联想策略和内在联系策略。根据学习材料本身意义强度的不同,可以选择不同的精加工策略。当学习材料本身的意义强度低时,一般采用人为联想策略,如数学中的一些运算法则;而内在联系策略一般用于意义强度高

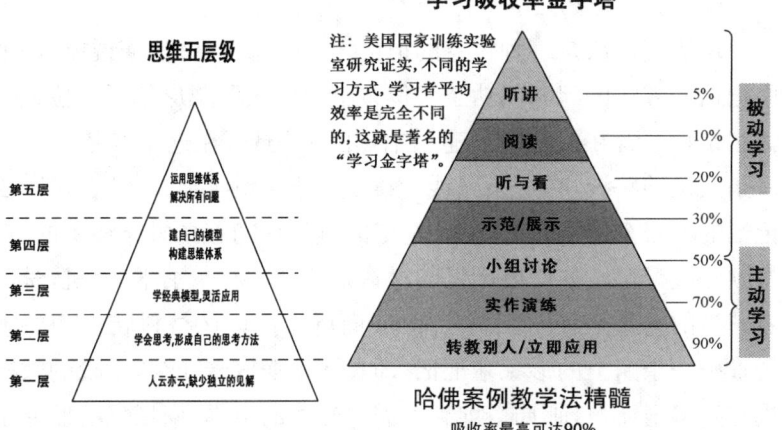

图 6-2 个体不同层次的精加工

的学习材料,通过将新知识与旧知识建立联结,理解新知识。如学习者可以用内在联系策略(图示法、比较法、简缩法)将先后发生的历史事件联系起来。

1. 人为联想策略

人为联想策略也称为记忆术,记忆术的种类很多,下面介绍几种主要的记忆术。

(1) 形象联想法(视觉想象法)

形象联想法是指将需要记忆的学习材料联想成生动的形象,并将学习材料与生动形象结合起来进行记忆。例如,学习阿拉伯数字"1"时,可以与生活中事物的形象联系起来,如铅笔、筷子等,以提高记忆效果。

(2) 谐音联想法

谐音联想法是指将学习的新材料使用谐音的方式与学习者的原有知识联系起来进行记忆。一般谐音的内容为有意义的材料。例如,记忆一个手机号"13685656516",可以利用谐音联想为"要散了吧,我溜我溜,我要溜",于是记住了该信息。

(3) 首字联词法

首字联词法是利用每个词的第一个字形成一个缩写促进记忆。例如,二十四节气歌"春雨惊春清谷天"中,记 7 个字可记住春天的 6 个节气。

(4) 编歌谣法

上例中的二十四节气歌的记忆方法是通过编歌谣进行记忆的,所以也是编歌谣法。在学校学习中,利用歌谣记忆知识的情况非常多,如朝代歌等。

(5) 位置记忆法

位置记忆法是一种古老的记忆术。西塞罗在《论演说家》一书中把这一方法的起源归功于一位希腊的诗人西蒙尼德斯。位置记忆法是学习者在头脑中创建一幅熟悉的场景，在这个场景中确定一条明确的路线，在这条路线上确定一些特定的点。然后将所要记忆的项目全部视觉化，需要记忆的材料伴随着场景路线中的点，按顺序被记忆。如需要记忆的材料是花朵、窗户、书本、手机，学习者熟悉的场景是餐厅、学校、邮局、商场。把记忆材料转换为熟悉场景中一条路上的形象来记忆，即餐厅里摆放着花朵，学校的教学楼有好多扇窗户，邮局里堆满了需要邮寄的书本，商场里的橱窗正在展示新手机。

2. 内在联系策略

(1) 加注释

加注释是学习者在阅读材料时，对其中关键之处用自己的语言加以解释。这种解释或是对原话的说明，或是由原话产生的联想或感想，或是与这一知识点相似的自己曾经学习过的知识。加注释的学习方法能够形成知识间更加紧密的联系。

(2) 比较

比较是找出具有可比性的材料间的区别与联系。通过比较可以生成许多材料本身所不具有的新意义，有利于学习者对材料的进一步理解。

小学数学中有很多相似的概念或公式。例如，等边三角形和等腰三角形的概念和特征，正方形和长方形的周长公式和面积公式，平行四边形和梯形的概念等。对于这些相似的知识，教师引导学生对其进行比较，使学生不仅可以掌握二者的区别和联系，而且还能帮助学生更加深入地理解每一个知识点。如表6-2所示，教师可以借助表格让学生进行比较。

表6-2 长方形与正方形的比较

	长方形	正方形
概念		
角		
边		
周长公式		
面积公式		

（3）寻找信息之间的联系

学习时不能孤立地记忆信息，而是要找出信息之间的关系，这样即使所学信息部分遗忘了，也可以利用信息之间的关系推导出来。

（4）利用背景知识

学习者已有知识结构中的与新知识有关的知识就是背景知识。背景知识包括社会文化背景知识、生活经验背景知识、价值观背景知识等。不同国家和民族、不同地域、不同社会阶层和职业、不同性别、不同受教育程度、不同社区环境、不同的生活经历，都是背景知识的来源。

（5）提问并试图解答

产生问题和疑问是对信息深度加工的表现。在听课、写作业、自学等过程中，学生要经常评估自己的理解状况，提出一些没有理解的问题。

常用的提问是教师对学生的提问，还可以有学生对教师的提问、学生之间的提问和自我提问。在数学学习中，常用的提问也是教师提问，这使得学生的学习比较被动，学生不一定能有效获得自己想学会的知识点。自我提问能解决这一问题，也有助于学生深入理解知识，培养自主学习能力。因此，教师在教学中可以对学生进行提问策略的指导。如在数学定理、性质等的学习中，教师引导学生提问自己："这条定理是如何得到的？可以用来解决什么问题？要注意什么？"再如，在学习"等边三角形是特殊的等腰三角形"时，可以引导学生自我提问："等边三角形的特征是什么？等腰三角形的特征又是什么？为什么说等边三角形是特殊的等腰三角形？能不能说等腰三角形是特殊的等边三角形，为什么？"

（6）想象

想象是在头脑中对已有的表象进行加工改造并形成新形象的一种思维形式和心理过程。学校学习的很多内容离不开想象，如语文课程中的写作文、理解课文等，数学课程中的几何与想象联系密切。

数学课程中《观察物体》一课的课程标准要求教师要有意识地培养学生的空间想象能力。因此，教师要指导学生学会使用想象。有教师在教学中出示一个由3个正方体搭成的立体图形，然后通过提示语引导学生进行想象："现在闭上眼，想象一下你的面前有这样一个立体图形。慢慢地开始旋转，你从上面看，看到的是什么

形状？从左边看,看到什么形状？"该教学正是利用想象促进学生对正方体的理解。

(7) 做笔记

做笔记不同于做记录。做记录是一种复述方式,是对事实的陈述。而做笔记需要学习者有选择地对学习内容进行加工后再记录。做笔记不仅可以控制学习者的注意力,还能帮助学习者发现新旧知识之间的内在关联,甚至还可以通过记录促进对知识的记忆。笔记构建过程中还可以锻炼学习者的逻辑思维能力,有利于学习者后续的学习和解决问题。

(8) 类比

类比是将相似的事物或者相似的属性作类推以加强记忆或解决问题。类比不仅是学生理解新知识的重要策略,也是教师教学的重要手段。采用类比的方式,不仅可以将抽象的内容具体化和形象化,还可以使新知识转化为学生熟悉或学过的知识。如在教授小数混合运算时,教师可以指导学生类比整数混合运算的规律;在教授小数乘整数时,教师也可以引导学生类比整数乘整数的法则。同时,教师还可以根据教学内容选择恰当的生活知识,帮助学生建立数学与生活的联系,以此进行类比学习。例如,在教授正负数的概念时,教师可以借助温度计进行类比,使正负数的概念形象生动化,更易被学生理解。

三、组织策略

(一) 组织策略的含义

组织策略是根据知识的内在逻辑和学习者个人对知识的理解,将知识储存的结构加以变化,从而形成新的知识结构。组织策略实质就是将所学知识重新组织化、系统化和形象化,从而使学生对知识的理解更系统、更深入。

组织策略和精加工策略密不可分,如做笔记和写提要实际上是两者的结合。精加工策略强调新旧知识之间的相互作用,目的是通过旧的知识经验来理解新知识,用于知识学习的前期;而组织策略强调知识之间的相互联系,目的是将知识结构化,便于知识的提取,用于知识学习的后期。从某种角度上,精加工策略是一种扩充策略,也叫丰富性策略,组织策略是一种简化策略。

(二)具体的组织策略

1. 列提纲

列提纲是将详细内容的纲要提取出来。既可以是将学习内容的要点以纲要的形式列出来,也可以是用简洁明了的关键词概括主要内容和次要内容。提纲记录的是知识的精华部分。

纲要也可以包含多个层次,高水平的要点包含低水平的要点,形成梯级系统。如在小学数学教学中,教师可以按一定的逻辑关系将教学内容以列提纲的方式板书,并在教学结束时,有意识地引导学生再次回顾,以加深学生对知识探究过程的记忆。

例如,图6-3是小学教师引导学生按照一定的分类标准对所学过的平面图形进行的分类,这样的提纲清晰明了、一目了然。

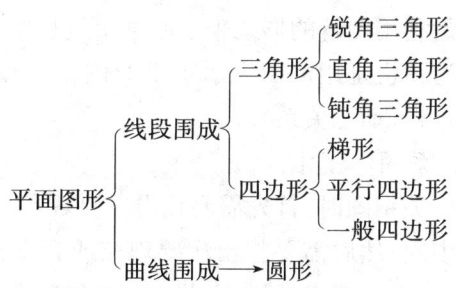

图6-3 平面图形的分类

教师在教学中对学生进行列提纲训练时,可以采用支架式教学法。首先由教师列提纲,学生补充细节。然后教师列出部分提纲,学生续写提纲,或者教师提供细节,学生列出提纲主体。最终达到由学生自己独立列出提纲。

2. 作关系图

利用图形中的关系图加强学习也是组织策略中的重要策略。由于数学知识的繁杂,有很多学生在数学概念的学习上容易出现偏差,而画关系图能帮助学生理清知识之间的关系,使其逻辑清晰。

(1)系统结构图

为了促进对知识的理解和记忆,对学习材料进行归类整理,并根据材料水平之间的关系排列,形成一个图式,即为系统结构图。

小学生在学习了等边三角形、等腰三角形、锐角三角形、直角三角形和钝角三角形之后,教师可以要求学生按照不同的分类标准列出关于三角形的系统结构图(见图6-4),帮助学生厘清三角

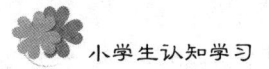

形之间的关系。

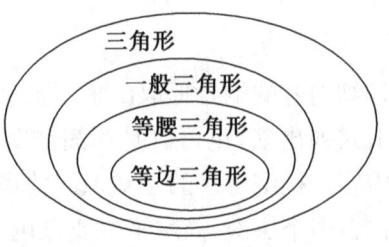

图6-4 三角形的系统结构图

（2）流程图

流程图可用来表现步骤、事件和阶段的顺序。流程图一般从左向右展开，用箭头连接各步骤。

（3）模式或模型图

模式图就是利用图解的形式来说明某个过程中各要素之间的联系方式。模型图也是用简图表示事物的位置（静态关系），以及各部分的操作过程（动态关系）。

（4）网络关系图（概念图）

在制作网络关系图时，首先需要找出主要观点，并将其放在网络关系图的正中间；然后需要找出次要观点或者支持主要观点的内容，并将其放在主要观点的周围；最后，将次要观点与主要观点或者支持主要观点的内容联系起来，形成网络。利用网络关系图可以图解各种观点的相互联系。

如图6-5，在《运算的意义》一课的教学中，教师将整堂课的教学内容的网络关系图板书为：

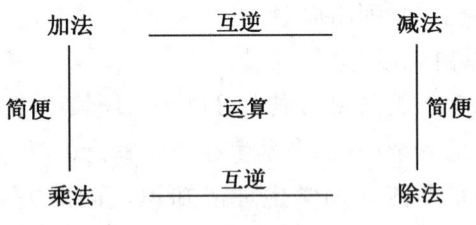

图6-5 运算的关系图

在以后复习运算时，可以利用该图迅速检索各运算之间的关系，简洁明了的关系图在一定程度上胜过文字的表达。

3. 列表格

列表格时首先确定表格中要体现几类信息，据此确定表格的结构。然后将相应的数字或者信息填入表格。列表格的过程本身就是对信息进行精加工的过程,列表格使知识能够系统、简明地被记忆。

4. 做图示

图示是指"以图示意",即在动手解答习题之前,学生先画出问题的相应图形。如在数学课上,教师要教会学生把应用题的图示画出来,使学生的思维从抽象向具体再向抽象过渡。在数学的学习过程中,常会遇见一些比较复杂的问题,学生难以理解。对这些复杂且难以理解的题目,采取图示的方法能帮助学生理解题意、理解复杂的问题情境,把复杂的问题简单化,厘清数量关系,正确把握解决问题的关键。在"两根绳子分别长1.23米和1.18米,爸爸把两根绳子接在一起,接头处用去0.25米,问接好后的绳子实际有多长?"这样的题目中,学生感到抽象和复杂,大部分小学生都难以理解。但是教师可以引导学生采用图示(见图6-6)的方法来理解题意,以便更快速地列出算式。

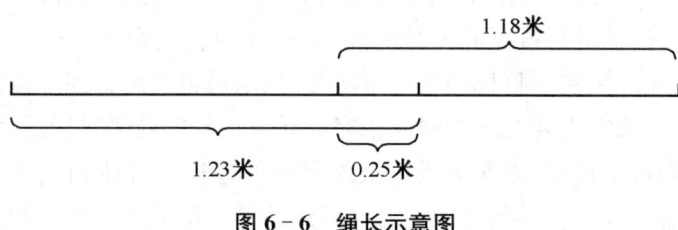

图6-6 绳长示意图

第三节 元认知策略

元认知是对认知的认知,是认知主体对自身认知活动和认知过程的认识、体验和调控。它包括元认知知识、元认知体验和元认知监控三个成分。认知过程是信息加工的过程,而元认知是对信息加工过程的调节和控制,也包括对主体的心理调节和控制。在学习上,元认知策略对学习有特殊的意义。

一、元认知策略的含义

元认知策略是学习者对自己认知过程的调节和控制策略,包括对自己认知过程的认知和控制。元认知策略有助于学习者有效地安排和调节学习过程,如某学生在做数学作业时起初非常细致

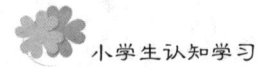

地书写步骤,当他发现这样继续会导致作业无法完成时,他改为只写关键步骤和推出结果,这是元认知策略。

学习者学习即在进行认知,这一认知活动也需要管理,管理认知的就是元认知。元认知策略是在认知策略应用经验中发展起来并高于认知策略的一种心理机制。一旦元认知策略发展起来,人的认知的整体水平就获得了飞跃,达到了更高层次,认知发展也获得了新的动力。

二、具体的元认知策略

元认知策略包括计划策略、监视策略和调节策略。

(一) 计划策略

计划策略是根据认知活动的特定目标,在一项活动开始之前设计活动过程、预计结果、选择解决问题的方法并预评估其有效性。

学习时间有限的情况下最需要计划策略。它涉及目标设定、对学习活动进行排序和安排时间、有选择地将注意力集中在目标上,以及组织实现目标的学习方法等,如从最重要的方面开始制订计划,并确定需要花多少时间来完成任务。确定最终目标后,学习者将制订子目标,以作为实现最终目标的途径。每达到一个子目标,不仅显示了学习者的进步,而且还培养了学习者对所承担任务的自信心和兴趣。

(二) 监视策略

监视策略是一种重要的元认知策略,它要求学习者在为实现目标而实施活动和策略的过程中,有意识地检查并诊断学习行为的有效性,即检查个人是否仍在"正确的学习轨道上"。自我监视促使学习者评估自己达成目标的程度,通过自我质疑或自我反思来寻找采取行动的原因,评估当下行动与目标的一致程度,以保证活动和策略对实现目标的有效性。

(三) 调节策略

调节策略是在自我监视策略提供的信息的基础上,学习者改善学习行为,修改所采用的学习策略或调整计划,以提高学习效率和学习成绩。如在自我监视中,当学习者意识到注意力不集中、学习策略不恰当或者时间统筹无法达到目标等问题时,能提醒自己根据其目标来调整自己的学习行为和策略。调节策略也包括情绪和其他心态的调节,认知神经科学在该方面的研究已经到了研究情绪和其他心态调节的脑神经机制的程度(见图6-7)。

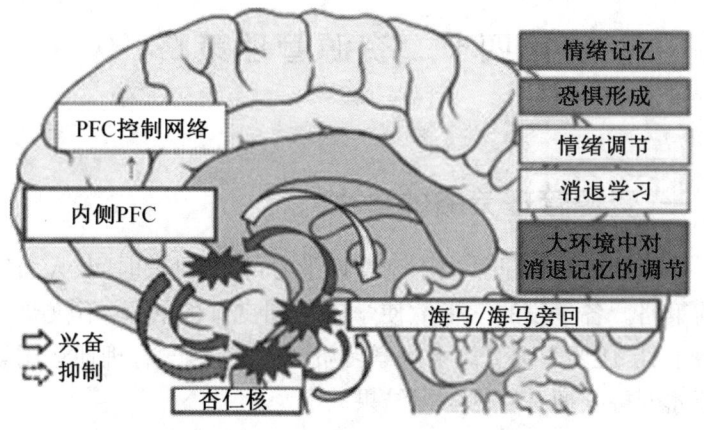

图6-7 认知神经科学的相关研究

三、元认知策略的应用形式

在学生学习的过程中,教师必须要求学生对自己的学习过程进行自我监视、自我调节、自我评估和反思。常见的元认知策略应用方式有元认知提示、反馈、反思日记等。而其中以元认知提示方式使用最多,包括提问、元认知线索、反思提示等。

专栏 6-1

认知策略与元认知策略培养例证

小学四年级上学期数学课上,在完成"将三组算式改写成一个综合算式"任务时,当张明同学回答可列式为:$[28+(84\div 7)]-13$ 时,教师问:"按照该算式计算过程和结果是什么?"然后又提问"根据我们学过的计算规则,先算乘除后算加减,计算过程和结果是什么?"最后做结论:"同学们比较一下,过程和结果是相同的,所以该算式还能简化。"

最后老师评价张明:"你在改写、综合时非常认真,把三组算式严格放入新算式,但是以后还要加入整合环节,在该题中就是简化环节;你认真的同时思维还要加入灵活性。""还要加入整合环节,在该题中就是简化环节"是认知策略培养,而"你认真的同时思维还要加入灵活性"这是对元认知的培养。

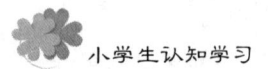

问题:阐述在该过程中学习策略的特征及表现。

第四节 资源管理策略

一、资源管理策略的含义

资源管理策略是学生用于管理学习可用环境、时间、人力等资源的策略。各学段的学生欲使学习达到良好的效果,不仅要重视学习本身,还要学会管理各种学习资源,只有科学合理地运用学习资源才能持续拥有好的学习结果。

二、具体的资源管理策略

具体的资源管理策略包括时间管理策略、学习环境管理策略、努力和心境管理策略、工具利用策略和社会性人力资源利用策略。

(一)时间管理策略

一天有 24 个小时,个体的精力充沛时间不足 24 小时,所以时间管理是影响学习效果的重要因素。

1. 统筹安排学习时间

统筹时间的方法一般采用列表法,甚至要列出全年时间表。如学校在制作校历时会将本学期甚至是本学年既定要发生的活动安排就绪。对于学生来说,很多时间已经由课表规定,自己可自由安排的时间有限。但在有限的时间里,需要完成的活动却比较多,包括完成作业、执行自己的复习计划、调整情绪、统筹时间、充分休息以保证继续学习精力的充沛、满足精神需要、保持身体机能等。制作普通的时间表如周计划表、月复习计划表等都是统筹安排学习时间的方法。

但列表只是形式,统筹时间的能力表现在把有限的时间用在最关键的活动上,能高效运用时间,使结果达到最优。目前人们几乎不能在每一天都完成当天需要做的活动,所以必须列出日活动优先表。学业负担使学生的时间统筹特别精细,为了节省时间,甚至做一道题时的思维顺序都要精确,所以统筹安排学习时间不仅是学习策略的重要部分,也是一种能力。单纯追求时间统筹也会导致喧宾夺主,另外时间过于紧迫也是出现强迫性心理问题的关键因素。

现在,有很多软件可以提供多种图式,供使用者统筹计划时间。这些软件有趣、实用且详尽,有些兼具提醒、监督,甚至调节等功能。教师可以引导小学生使用软件管理时间。

2. 高效利用最佳时间

每天、每月、每年中,个体的体力、情绪和智力的状态并非均衡分布,所以学习者要发现自己的体力、情绪和智力的最佳时间点,并据此安排学习计划。所谓最佳时间是指完成某种类型的活动的效率最高的时间段。最佳时间因活动类型、个人特征、个体年龄等的不同而不同,但最佳时间也有一些普遍规律。

首先,要根据生物钟安排学习活动。生物钟是指人体的体力、情绪和智力的高潮和低谷具有周期性。该周期指机能作用周期。研究表明,智力的机能即人的学习能力、记忆能力和逻辑思维能力,以 33 天为一周期;人的体力大约 23 天为一个周期;人的情绪大约 28 天为一个周期。每个周期中又区分为高潮期、低潮期和临界期(高潮期和低潮期两段起始的 0 线)。高潮期也就是最佳时间。在智力周期的高潮期,人的头脑清楚,逻辑思维能力强,工作效率高;相反,低潮期反应较迟缓。

另外,学生应根据一天中的精力周期安排学习活动。智力活动在一天中也存在周期。日周期一般有三个类型:白天型、夜晚型和混合型。白天型是指白天的学习效率最高,早晨精力充沛,夜晚休息睡眠;夜晚型是指白天精力不佳,夜晚思维活跃,夜晚的学习效率最高;混合型是指个体能够根据活动需要调整精力,不存在白天和夜晚的变化,只要休息充分,白天晚上都能够获得较高的学习效率。

3. 灵活利用零碎时间

零碎时间是大宗活动之间的缝隙时间,特点是时间短、注意力来不及集中。如果个人能够更好地利用零碎时间,对于个人的学习具有促进作用。首先,很多辅助学习的任务可以利用零碎时间来完成,如整理书桌。通过整理书桌,有助于建立一个良好的学习环境。但一定要注意,所有与学习有关的物品都必须有条理地放好,放置物品要有固定位置,用完要归还原处。其次,利用零碎时间进行课外阅读。除了书本知识,学生可以利用零碎时间阅读报刊、古文诗词,既可以陶冶情操又能够拓展知识。此外,可以利用零碎时间进行口头语言的辅助学习活动。如打电话向老师请教,与同学沟通交流学习体验、分享情绪等。

精加细工

时间线
事件线

（二）学习环境管理策略

一般认为，良好的学习环境有利于学生开展学习活动。但是，有利于个体学习的环境差异很大。如有的学生安静时学习效率高；有的学生害怕安静，因安静而紧张；有的学生听音乐学习速度快；有的学生在闹市学习舒服；有的学生必须独处才能学习；有的学生必须有学习伙伴；有的学生在家无法学习，在学校或者图书馆才能学习。学习者需要做的是了解自己的学习环境需要，创设、安排、选择适合自己的学习环境。学校、教师和家长的责任是安排多种学习环境，让学生有选择的可能。

（三）努力和心境管理策略

系统性的学习不能仅靠兴趣，还要靠意志和努力。为了使学生维持自己的意志和努力，教师需要不断地鼓励学生，并引导学生进行自我激励。心境是心理学概念，属于情绪的范畴，是微弱的、持久的、具有弥漫性的情绪状态，意指心情的底色。如果心境管理不善，会出现轻度的心境不良甚至环性心境等。轻度的心境不良属于心理问题的范畴，环性心境等属于情绪障碍。调节管理自己的心境是保证学生心理健康和学习高效的重要条件。

1. 激发内在动机

兴趣、好奇心和求知欲是重要的内在学习动机，它可以使学生持续学习下去，敢于克服障碍，迎接挑战，从学习活动中获得快乐。教师要注意培养学生的内在动机。

2. 树立为了掌握而学习的信念

根据心理学家德韦克的心理学理论，学习者努力学习的目标有两种：一种目标是优秀成绩，一种目标是掌握知识。目标是优秀成绩的学生认为成绩是教师、家长、同学衡量自己的标准，他们关注自己在他人心中的形象。在学习过程中，这类学生常会担忧学习成绩不高，影响自己的形象和地位，所以其关注的重点不是学习。目标是掌握知识的学生认为，虽然成绩重要，但是能够掌握知识更重要，满足其成就感的点在于学会新的知识技能，可见其关注的重点是学习。所以教师要引导学生以掌握知识和技能为学习目标，即树立掌握目标和知识增长观，避免因为成绩患得患失。

3. 选择有挑战性的任务

在挑选学习任务时，要挑选具有中等难度的任务。中等难度的任务比太易或太难的任务更能激励学生。任务过难学生会不努力,任务过于容易,学生无法获得成就感。

4. 调节成败的标准

速度越快越好,成绩越高越好,攻克的难题越难越好,这是人们美好的愿望。但是个人不能将其作为自己每时每刻的目标。目标应该根据自身现在的速度、成绩、能攻克的难度制订,只要能在原基础上有所提高就是成功,并体验到幸福。如果标准一直过高或者不断提高、不能在短时间内达到,就会造成茫然、自卑、自责,反而影响学习。相反,如果标准一直过低,自我感觉过于良好,造成盲目的自信,学习也会受到影响。

5. 正确认识成败的原因

一般来说,在学习结束之后,学生总会寻找成败的原因。学生在成功时,往往倾向归因于自己能力高。而在失败后,自卑的人倾向于认为自己能力不强,过于自我保护的人则可能倾向于找一些客观原因,如身体不舒服、运气不好等。但是正确的归因应聚焦于努力,教师要引导学生学会正确地自我归因。

6. 自我奖励

自我奖励是指学生基于自己设定的成败标准,自己认为自己成功时给予自己的奖励。学生对于成败标准的设定具有个体差异性,教师要引导学生在横向比较的同时,进行纵向比较,关注自己的成长与进步。教师要鼓励学生在取得阶段性成果后根据自己的爱好自我奖励。自我奖励的方式多种多样,并且自我奖励的方式要与时俱进,如现在有些学生的自我奖励方式是策划一次自己最喜欢的活动,如打游戏、玩微博、画动漫、徒步、逛展等。

(四)工具利用策略

学习工具是学习中必不可少的学习资源,学会有效利用学习工具对学习非常重要。

1. 参考资料的利用

目前同一类问题的参考资料有很多版本,而人们的时间非常紧迫,因此精选参考资料的能力成为个体学习之必须。选用参考资料的方法有很多,如请教师推荐;选择与自己的考试类型完全吻合的参考资料;听取前人的分析,即听取已经参加过同样类型的考试的人对参考资料的体验和评价。在学习时,要对一本教材和参考资料掌握了解透彻后再浏览另一本参考资料。

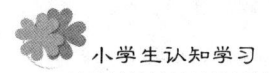

2. 工具书的利用

除了教材、参考资料以外,字典、词典、古汉语词典、英文词典等也是学习的辅助工具。另外还可以利用一些定理定义手册等非标准化的工具书促进高效学习。

3. 电子媒介的利用

网络资源是目前可利用的最便捷和广泛的学习工具,如网络上有很多习题、题解、习题的视频讲解以及系列课程、在线辅导等。学生很容易查找到国家主持开发的网络精品课、慕课、微课,以及其他渠道的网课等。利用好网上学习工具有很大的好处,但是也存在网瘾、抄袭答案等风险,另外还要注意网上课程不能代替学校的教学。

(五) 社会性人力资源利用策略

学习需要与人交流,教师和同学是学习最重要的社会性人力资源,必须善于利用。

1. 教师的帮助

学习者一旦有疑问无法解答,最好的办法是向老师请教。请教的目的是得到老师在知识难点、解决问题以及学习方法上的启发。但要注意不要过分依赖老师,自我建构和生成更能加深对知识的理解。

2. 同学间的合作与讨论

同学间的合作与讨论不仅有利于解决难题,增进情感,还可以起到减压的作用,获得安全感和愉悦感。同学间的合作与讨论可以是基于一项任务的完成,在任务进行过程中,同学之间分工合作、交流讨论,共同攻难克坚;也可以是一起学习同样的内容,在学习过程中,相互提问、相互解答;也可以是一方帮助另一方解答难题,已经会解答的同学帮助存在疑问的同学,从而促进同学之间的交流和互相理解,在帮助其他同学时,也有助于提高助人者对知识的深入理解。

目前,随着学生的认知和情感的社会性的发展,学生在资源管理方面的问题不仅是如何管理学习资源,而且可能进一步深化为过分怀疑自己的资源管理能力和已经用过的资源管理计划,从而产生心理问题甚至精神障碍,该问题值得教师重视。

本章小结

使用学习策略在学习过程中具有必然性。本章详细列举了各种学习策略,学习的重点是学会运用具体的学习策略;其中元认知策略比较深奥,学习者需要认识到自己的元认知策略,学会使用元认知策略调节、控制自己学习的节奏和内化机制。人脑是一个极其精密和复杂的运算系统,实现复杂学习的策略远远比本章所揭示的高级、丰富得多,如果想真正了解人类学习的认知策略,可以继续学习认知心理学。

精加细工

思考与练习

1. 呈现自己的 10 个学习策略。
2. 用自己的话解释和说明学习策略及其特征。
3. 列出具体的认知策略并说明自己的运用。
4. 举例说明元认知策略。
5. 说出 10 个小学生的元认知知识和元认知监控的例子。
6. 分享自己的资源管理策略模式。

时间线
事件线

第七章　认知学习的测量与评价

扫码查看
本章资源

知识图式

认知学习的测量与评价
- 测量与评价的含义与分类
  - 测量与测验的含义
    - 测量的含义
    - 测验的含义
    - 测验的种类
  - 评价的含义与种类
    - 评价的含义
    - 评价的种类
- 有效测量的特征
  - 效度
    - 效度的含义
    - 效度的类型
    - 提高效度的方法
  - 信度
    - 信度的含义
    - 信度的类型
    - 提高信度的方法
  - 难度
  - 区分度
- 学业成绩测验
  - 学业成绩测验概述
    - 学业成绩测验的含义
    - 学业成绩测验的特点
    - 学业成绩测验的分类
  - 学业成绩测验的编制
    - 标准化学业成绩测验的编制
    - 教师自编学业成绩测验的编制
  - 学业成绩测验结果的评价与解释
    - 测验的评分与计分
    - 分数的评价与解释
  - 教师自编学业成绩测验案例及其分析
    - 编制双向细目表
    - 编制测验试卷
    - 试测和调整项目
    - 施测试卷和评分
    - 定量分析

具身认知

本章导学

测量与评价是教学活动的重要组成部分,合理地开展测量评价活动是提高教育质量的有效保证。测验的种类和评价的种类是本章的知识重点。实践应用技能的重点是效度、信度、难度与区分度的确定和学业成绩测验的编制。学业成绩测验是学校中经常应用的测验,教师要掌握编制学业成绩测验的方法和规范,对测验结果的处理和解释要慎重。

学习目标

1. 理解测量与评价的含义。
2. 能列出测验的种类、评价的种类及各自的系统关系图。
3. 掌握效度、信度、难度、区分度计算的方法。
4. 能理解效度与信度的关系。
5. 学会编制学业成绩测验。
6. 能够掌握学绩测验的评分与解释方法。

第一节 测量与评价的含义与分类

测量与评价是教学活动的重要组成部分,合理地开展测量评价活动是提高教育教学质量的有效保证。

一、测量与测验的含义

(一)测量的含义

测量是依据测量法则使用测量工具对测量对象用数字给予描述。测量包括以下三个要素。

1. 测量对象

测量的对象是事物或者事物的属性。根据测量对象把测量分为物理测量、生理测量、社会测量与心理测量。其中心理测量是对人的心理特征的测量,主要是智力测量和人格测量。

2. 测量法则

测量需要使用测量工具,测量工具依据测量法则制作或者编制。法则指的是在测量时所采用的规则或方法。如用秤测量物体的重量,依据的是杠杆原理,杠杆原理是其法则;心理测量的法则是心理学的理论。测量智力,采用智力量表测量,智力量表根据智力理论编制,智力理论是其法则;人格测量的工具是人格量表,人格量表依据人格理论编制,人格理论是其法则。使用合适的心理测量工具,测量结果才能比较准确,如果心理测量结果不准确不仅失去了测量的意义还可能造成恶劣的后果,判断测量工具的适宜性要考虑其编制时依据的法则,即依据的心理学理论。

3. 测量结果

测量结果是确定事物属性的数量化价值,即以数据表示。根据测量水平,数据可以分为四类:称名数据、顺序数据、等距数据和比率数据。称名数据是只说明某一事物或者其属性的数量的数据,如某班级男生有 21 人,女生有 20 人。其特点是不做多少、大小、顺序的判定。顺序数据是根据事物或其属性的数量,选定规则排出顺序。如上例中,根据数量从多到少排序为:男生第一,女生第二。等距数据具有相等的测量单位,但没有绝对零点,其取值之间的距离可用标准化的单位去度量。等距数据只能做加减运算不能做乘除运算。比率数据具有相等的测量单位,也有绝对零点,可以进行加减乘除运算。

(二)测验的含义

测验是标准化的测量工具,由科学编制的项目构成,根据被测者对项目的反应得出数字,代表被测者某方面的程度或水平。标准化是指测验内容、施测条件、评分规则、测验常模、结果解释都要标准化。心理测验的标准化采用数量化的具体指标衡量,根据心理测量学要求编制的心理测验才可能标准,心理测量学提供了计算心理测验标准化程度的方法,并提供了标准化程度的常模。

(三)测验的种类

1. 按测量对象的性质分类

(1)能力测验

能力测验测量实际能力,能力倾向测验测量潜在能力。一般能力测验测量个体完成各种活动所必须具备的基本能力,即测量智力,特殊能力测验测量个体在某专业领域中的能力,如图文社的

打字能力、脱口秀中的语言能力、体育中的跑跳能力、机械操作中的速度、飞行驾驶中的反应能力等。

(2) 学绩测验

学绩测验也称为学业成绩测验,是指测量个人(团体)接受教育或训练之后对知识和技能的掌握程度和解决问题的能力的测验。学绩测验一般指学校中各种考试的试卷,如小学语文、数学等学科测验就是学绩测验。

学绩测验测量后得到的结果是学习成绩。学校中学习的内容不是人类知识的全部,某学段学习的内容只是知识的一部分,所以学绩测验并不能完全代表个体能力,更多是代表该被测者在所有参加考试的被测者中的位置和对本次考试考量的知识和技能的掌握程度。

(3) 人格测验

人格测验主要用于测量人格、气质、兴趣、态度、品德、情绪、动机、信念等方面的个性心理特征。目前我国的人格测验应用比较多的是各种兴趣测验和人格测验。命名为"人格测验"的测验,因编制的法则和目的的不同,项目有很大的差异,所以主测者应选择适合自己的测量目的的人格测验,如明尼苏达多项人格测验,名为人格测验,实质是病态程度诊断测验,常用于鉴别精神疾病。

2. 按测验的应用分类

(1) 教育测验

教育测验的范围比较广,只要能应用于教育领域的测验都可称为教育测验。最常用的是学绩测验。人格测验和除学绩测验之外的能力测验也可用于教育领域。所以只要是以使被测者的教育更优化为目的的测验都可以称为教育测验。

(2) 职业测验

职业测验是测量被测者是否适合从事某类职业的测验。测量的目的是聘用员工或选拔人才。一般包括智力测验和特殊能力测验,有时人力资源部门也会施测人格测验,以了解被测者从事本部门职业的心理素质。

(3) 临床测验

心理测验在临床上的应用比较普遍。主要用于综合医院的心理科或者精神专科医院。目前临床上应用的测验种类比较繁多,用于筛查个体心理和行为的诸多方面,为心理疾病和精神疾病的诊断和治疗提供依据。如90项症状清单(SCL-90)、瑞文标准推理测验(见图7-1)、明尼苏达多项人格测验和简明精神病评定量表、汉密顿抑郁量表、抑郁自评量表等。

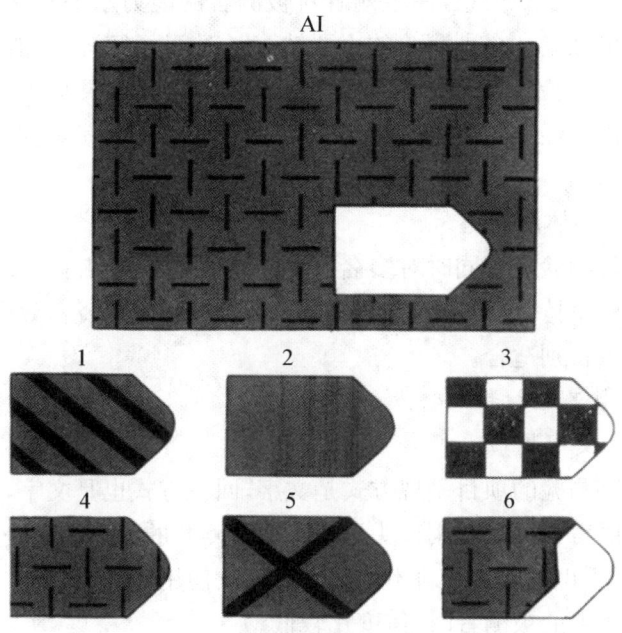

图 7-1 瑞文标准推理测验题例

3. 按测验的目的分类

（1）描述性测验

描述性测验的目的在于对个人或团体的能力水平或能力分布、性格特点和倾向、兴趣倾向和持久性、知识水平和结构等进行描述。

（2）诊断性测验

诊断性测验是为了做出具体疾病的诊断而编制的测验。在使用时，一定要区分诊断性测验和症状测验，如 SCL-90 虽然结果显示的是阳性，但其只是症状测验，不是诊断测验。准确的诊断还是要依靠心理咨询师和精神科医生根据问诊和测验结果整合做出。

（3）预示性测验

预示性测验的目的在于预测个体未来的表现和所能达到的水平。潜在能力测验也是一种预示性测验。目前预示性测验越来越多。

4. 按测量方式分类

（1）个别测验

个别测验是对每个被测者单独进行测量的测验，即一位主测者一次只能测量一个被测者。比奈-西蒙智力测验是最早的个别

测验。通过该测验不仅能获得测验分数而且能得到被测者回答问题过程中的表现信息,使主测者对被测者的能力水平和病态症状的掌握更准确。个别测验的主要缺点是时间不经济,不能在短时间内经由测验收集到更多被测者的资料,而且个别测验手续复杂,主测者需要经过较高水平的训练,具有比较高的测量素养,一般人不易掌握。

(2) 团体测验

团体测验是可同时对多名被测者进行测量的测验,可以是一个主测者主持,也可以配备助手。团体测验省时、经济、效率高,对团队测量特别适合。

5. 按测验材料的特点分类

(1) 文字测验

文字测验的项目呈现方式是文字,回答方式也是文字,可以使用书面语言也可以使用口头语言。文字测验的额外变量是文化水平,对于不识字或者语言不通的个体无法使用,面向测量文化水平差异比较大的被测者时,信度比较低。

(2) 非文字测验

非文字测验也称操作测验。操作可以是积木、拼图、图形排列等,操作测验不受文化水平的影响,测量的是个体思维的逻辑性,能反映个体特征的本来面目。但是操作测验的数量化比较难,评价高低的标准不限于得分,还需要观察操作过程中的其他方面。

6. 按测验的时限和难度分类

(1) 速度测验

速度测验是有时间限度的测验。一些心理测验和学绩测验都有时间限制,均属于速度测验。速度测验在编制时要考虑时间和项目的数量、难度之间的关系。速度测验中一般特别难的项目不多,主要测量反应速度,通常要求被测者在规定时间内做大量的项目。

(2) 难度测验

难度测验要求被测者在比较充足的时间里去完成从易到难的项目。难度测验中难题比较多且难度比较大,测量的是解答难题的最高能力。一般难度测验没有时间限制,可以休息后再答,评价好坏的标准是答对难题的度。

7. 按测验的要求分类

(1) 最高行为测验

最高行为测验是要求被测者做出自己认为最正确的答案或代

表最好做法的答案的测验。该测验本身有正确答案,根据正确答案评分。能力测验、学绩测验均属于最高行为测验。

(2) 典型行为测验

典型行为测验要求被测者按照自己惯常的行为方式来回答问题。该测验没有唯一、明确的答案,目的是了解被测者或者被测者某方面的心理所处的状态。一般说来,人格测验属于典型行为测验。

8. 按测验的性质分类

(1) 构造性测验

构造性测验的重要特点是结构明确,即呈现的刺激结构明确、规定的答案结构明确、被测者的任务明确。

(2) 投射性测验

投射性测验(见图7-2)呈现给被测者的刺激和项目比较模糊,没有固定的答案,根据具体情境和被测者的不同反应评估被测者的心理。其原理是通过被测者对模糊结构的理解和反应,归纳出其性格、观念、情绪状态、认知逻辑和人际信念等,从而了解其心理状态。

图7-2 投射性测验——心理沙盘游戏

9. 按评价所参照的标准分类

(1) 常模参照测验

许多测验在编制时,同时编制了常模,常模是指判断测验结果

水平和层次的标准,常模由水平和对应的分数段构成。如瑞文标准推理测验、斯坦福-比奈智力量表都有常模,规定智力一般水平的分数段、智力偏高的分数段等。常模参照测验是将被测者的测验得分与常模相对照,确定该得分水平的测验。

(2) 目标参照测验

目标参照测验是根据活动目标确定达到该目标的一个标准,用该标准判定某个体的得分是否达到目标的测验。目前的学业考试属于目标参照测验,只做出是否达到 60 分即是否及格的判定的测验也属于目标参照测验。

(3) 潜力参照测验

潜力参照测验是将被测者的水平与自身潜力相比较,以评价被测者有无充分发挥自身潜力的测验。

二、评价的含义与种类

(一) 评价的含义

评价是指对评价对象做出价值判断。评价的要素包括:评价的主体,即谁来做出评价;评价的对象,即对谁做出评价;评价的依据,即价值标准或事实;评价的结果,即做出价值判定。

(二) 评价的种类

1. 根据评价内容的复杂程度分

(1) 单项性教育评价

单项性教育评价是指对评价对象即教育的某方面进行的针对性评价。如课程评价、教学评价、德育评价、学校设施评价等。其最大的特点与优势是针对性、单项性、详尽性。

(2) 综合性教育评价

综合性教育评价是指对评价对象即教育的各方面进行的整体性评价。例如,对学校工作的总体评价、对学生的综合素质评价等。其最大特点与优势是整体性、全面性、综合性。

2. 根据评价的功能与用途分

(1) 诊断性评价

诊断性评价是指在学校教育中,为了了解学生的知识技能基础、已经具备的学习条件和学习弱点,使接下来的教育教学更优化而进行的评价。如开学初期进行的了解学生学习基础和程度的考试。诊断性评价在课程、学期、学年开始或进行过程中均可实施。

(2) 形成性评价

形成性评价是指在教学过程中为了解学习者的学习进展情况、及时发现教学中的问题、获得反馈、改进教学而进行的评价。如单元测验。

(3) 总结性评价

总结性评价又称终结性评价、事后评价。通常是在一个阶段教学活动后,教师为了解教学活动的效果和学习者达到目标的程度而进行的评价。例如,学期末进行的各科考试。总结性评价评定的是学习者的学习成绩。

3. 根据评价进行的方式方法分

(1) 定量评价

定量评价是评价的结果用数字表示的评价,如学绩测验和智力测验。定量评价中的数字有粗分即原始分、标准分等,分数所代表的意义因数据类型的不同而不同,所以解释测验分数时,一定要根据数据的类型和特点进行。

(2) 定性评价

定性评价的结果不是数字,而是用非数字化的语言描述。内容是描述、分析、判断和定性。定性评价能呈现更多的信息,所以评价更全面,还能呈现定性的依据,有利于评价后的改善。

4. 根据解释评价结果所参照的标准分

(1) 相对评价

又称为常模参照评价,常模参照评价是将某被测者的测验得分与常模相对照,确定该得分水平的评价。其本质上是评价个体在团体中的相对位置。如中考或高考录取分数线,团体平均分数与标准差。这种成绩实质上反映的是个体在被评群体中的相对位置。需要特别指出的是,相对评价只能用于选拔与评优活动,不能用于获得教育活动策略改进需要的实际反馈信息。

(2) 绝对评价

又称为标准参照评价或目标参照评价。即根据活动需要达到的目标,设定绝对统一的评价标准,据此确定与解释个体的成绩。如根据课程标准或教学大纲规定的"课程教学目标""内容标准"编制测验,确定一个分值作为标准,将学生的得分用该分值做衡量进行的评价。这种评价实质上反映的是个体是否达标或合格。

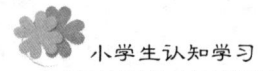

（3）个体内差异评价

个体内差异评价又称为"个体参照评价"，是指将个体的过去、现在和将来进行比较而进行的评价。例如，评价个体某个阶段的学习退步或进步。该评价对个体具有教育意义。

5. 根据评价的主体分

（1）他人评价

他人评价是指活动实施者以外的个体或群体实施的评价。他人评价可以为评价对象了解自身提供更丰富的信息、更广阔的视角与思路。

（2）自我评价

自我评价是活动参与者对自身活动状况实施的评价。例如，对一节课堂教学的评价，如果是由讲课的教师和听课的学生进行评价，即为自我评价。自我评价反映了活动参与者的感受和体会，比较直观。但是自我评价也可能失之偏颇，所以与他人评价相结合才能使评价更全面和准确。

扫码查看　测量与评价的关系

【知识点】

第二节　有效测量的特征

测量是否有效的数字指标是测定测验的效度、信度、难度和区分度的具体数值，再根据标准确定其水平，最后判定测量是否有效。

一、效度

（一）效度的含义

效度即有效性，是指测量工具或手段能够准确测出所需测量的事物的程度。效度是测量的随机误差和系统误差的综合反映。

（二）效度的类型

测量效度的方法很多，比较典型的是根据测验目标把效度分为内容效度、构想效度和效标关联效度,然后进行测量。

1. 内容效度

内容效度指测验项目对取样内容或行为整体的适当性和代表性。确定内容效度的方法主要有两种:① 专家判断法。即由有关专家对测验项目的代表性作出判断,如在学校教学中,一套试卷的内容效度,可以由有经验的该科目的教师来判定,判定覆盖范围是否全面、重点是否突出、知识和技能是否平衡、主观题与客观题的比例是否恰当等。② 统计分析法。如相关法,可以采用测验测量两组被测者,计算两组被测者所得分数的相关,间接说明测验的效度。

比较规范的专家判断法也需要加入科学统计,统计分析法最好辅助以专家判断法。

2. 构想效度

构想效度指测验分数能够证明心理学理论上的某种结构或特质的程度。如果测验能够证明心理学理论上的某种结构或特质,则证明该测验有效。构想效度主要适用于心理测验,其目的是以心理学的概念说明和分析测验分数的意义,即用心理学的理论观点对测验的结果加以解释和探讨。

3. 效标关联效度

效标关联效度指测验分数与效度标准的一致程度。如高考成绩高的学生,大学学习能力也比较好,这说明高考试卷的效标关联效度高。

(三) 提高效度的方法

效度受随机误差和系统误差的影响,所以在编制测验和测量过程中要致力于减少随机误差和系统误差。同时,效标关联效度中效标的选择也是重要的影响因素。提高测量效度的方法具体如下。

1. 精心编制测验或量表,避免出现较大的系统误差

系统误差是测验本身的因素导致的误差,只要实施测验就会存在的误差。减少系统误差要注意的事项很多。首先,项目越具有代表性,系统误差越小。在学绩测验中,表现为不要出偏题怪题。其次,影响系统误差的重要因素还有测验的信度、项目的难易程度和区分度。再次,评分、计分和解释结果的标准做到科学、客观是减少系统误差非常重要的因素。最后,项目的数量与时间设置要符合学习内容的量,项目、时间和难度要匹配。另外,一些小

的细节也需要注意,如试卷字体大小和清晰度、题目作答要求的表述、项目表述不能有歧义等。

2. 妥善组织测验,控制随机误差

在测验实施过程中,要减少随机误差,即测验实施者做到严格按手册指导语进行操作,尽量减少无关因素的干扰。

3. 选择恰当的效标,定好恰当的效标测量

在使用效标关联效度时,效标的选择非常重要。效标选择的标准是效标与测验内容具有内在逻辑性,能检验测验成绩的真实性。

二、信度

(一) 信度的含义

信度即可靠性,是指采用同一测验对同一对象重复进行测量时,所得结果相一致的程度。

(二) 信度的类型

1. 重测信度

重测信度也称为再测信度,是对同一组被测者采用相同的测验,在不同的时间点先后测量两次,两次测量结果之间的相关程度。

2. 复本信度

复本信度又称为等值性系数,是在编制测验时即编制了等值的正本和副本,对同一组被测者既测量正本也测量副本,得到两组数据,计算两组数据的相关系数,得到一致性程度的信息。

3. 内部一致性信度

内部一致性信度是测验项目测量了欲测量事物属性的一致程度,即考察测验的各个项目是否测量了相同的内容或特质。内部一致性信度又分为分半信度和同质性信度。

(三) 提高信度的方法

提高信度的方法主要有:适当增加测验的长度,使测验中所有项目的难度接近正态分布,并控制在中等水平;努力提高测验项目的区分度,选取恰当的被试团体;主测者严格执行施测规程;评分者严格按照标准给分,减少无关因素的干扰等。

(四) 信度和效度的关系

信度是效度的必要而非充分条件。信度低,效度不可能高;信度高,效度未必高;效度低,信度也可能高;效度高,信度必然高。测验的效度受它的信度制约。

三、难度

难度指测验的难易程度或每个项目的难易程度。在能力测验中,难度的指标一般采用通过率或平均得分率。测验的难度可以由出题者根据测验目的设置。除了题目本身有难易之外,项目的形式和测验的性质也影响难度。如在招聘人员的测验中,如果招聘的人数比较少,要提高测验的难度;如果选拔的人数比较多,可以出一些简单题。填空题比选择题难,论述题比简答题难,多选题比单选题难。

四、区分度

区分度是指测验或项目将不同水平的个体区分出来的程度,也称鉴别力。区分度越高,越能把不同水平的被测者区分开来。

区分度与难度的关系表现为当项目的难度为中等时,区分度最高。鉴于全体被测者的能力分布趋近于呈正态分布,所以测验中项目难度不能全部为中等,分布范围要广一些,平均难度为中等,即难、中、易均有,其中中等难度项目要最多,以保证整个测验有较高的鉴别力。

第三节 学业成绩测验

在小学中运用最多的是学业成绩测验,所以教师要掌握学业成绩测验的理论和编制方法。我国的各科课程标准针对"内容要求"提出"学业要求""教学提示",细化了评价与考试命题建议,注重实现"教—学—评"的一致性,增加了教学、评价案例,不仅明确了"为什么教""教什么""教到什么程度",而且强化了"怎么教"的具体指导。

一、学业成绩测验概述

(一) 学业成绩测验的含义

学业成绩测验亦称"学绩测验",是以课程标准为依据编制的,考查评价学生某方面或整体学习结果的测验。

(二) 学业成绩测验的特点

1. 学业成绩测验的内容

学业成绩测验测量的是学习者对考核时间段内所学的知识和技能的掌握程度。所以学业成绩测验既要有基础题,能反映学生对基础知识的掌握情况,也要有应用题,以考量学生对知识的应用能力,还要有难题,以考量学生能达到的最高水平。

2. 学业成绩测验的要求

学业成绩测验属于最高行为测验。一般有固定的答案,被测者只有符合答案才能得分;学业成绩测验有时间要求,速度是影响该成绩的因素之一;学业成绩测验的完成对认知的依赖性比较大,在某种程度上,是对认知的评价。

3. 学业成绩测验的目的

学业成绩测验的目的是获得被测者某方面能力的确定值,以便确定每个被测者的水平和全体被测者的整体水平。最终目的是确定被测者学习或工作的成就,所以要求被测者做出最好的回答。

(三) 学业成绩测验的分类

1. 按测验的编制方法分类

(1) 教师自编课堂测验

教师自编课堂测验由教师根据教学经验编制,测量内容由教师决定,测验时长也由教师决定,一般为 1 个小时之内。该测验主要适用在教师自己的学生,紧密结合教材和教学实际,形式灵活多变,既可用来考查学生的学习情况,也可用来检查教师的教学质量,甚至可以用来预测学生未来的成绩。该测验应用范围较小,大多数测验不符合测量学的要求,随意性大。

(2) 标准化学业成绩测验

标准化学业成绩测验由测量学专家与学科教师按测量学的基本原理编制,有一定的质量指标做保证,能提供常模做比较,客观性强,可用于大规模正规测试。但该测验编制过程费时费力,灵活性和针对性均不强。

2. 按测验评分的参照系分类

(1) 常模参照性测验

如教师首先确定优、良、中、差的分数段,在获得学生的测验得分后,参照优、良、中、差的分数段评定学生的等级。

(2) 目标参照性测验

目标参照测验是指根据课程标准的规定,以学生是否达到课程标准规定的教学目标来评价学生的学习成就的测验。常用于鉴定学生的成绩合格与否。

3. 按测验的题型分类

学业成绩测验可使用的试题类型大致可分为客观型试题和主观型试题。据此测验的类型也分为客观型测验和主观型测验。

二、学业成绩测验的编制

(一) 标准化学业成绩测验的编制

标准化学业成绩测验是指在心理与教育测量学原理的指导下,遵循一定的程序编制的,各种指标都达到规定标准的学业成绩测验。编制标准化学业成绩测验的基本要求是命题组卷标准化、施测标准化、评分标准化与测验分数解释标准化。

结合学业成绩测验的特点,标准化学业成绩测验的编制步骤如下。

1. 确定测验目的,选定测验编制的方法

首先,确定测验目的,如是了解知识和技能掌握的程度和水平、评定学生的等级。其次,根据目的选择适合的编制方法和计划。

2. 分析测量目标,拟订测验编制计划

(1) 测量目标确定的依据是学科性质和知识体系,所以要依靠专业人士的专业技能和实践经验确定测量目标。

(2) 首先确定测验的总目标,然后确定子目标,即将总目标分解成具体的子目标,最后形成系统的认知目标体系。

(3) 编制一份测验双向细目表,将测验的内容分类与测验的目标分类共列于内,确定各个分类组合在测验中的占分比例。

(4) 确定使用题型的种类及各种题型的占分比,以及全卷试题的难度分布。各项比例确定之后还应把全卷的结构统筹分划,定稿成正式的测验编制计划。

3. 收集测验项目与项目组卷

(1) 基本要求

测验项目的来源有多种,如请教专家、自己编制、网络查找、社会征集、实践获得。收集测验项目阶段一般要求收集到的项目要远远多于最终构成测验的项目。每个项目要同时确定答案。

(2) 项目筛选

确定收集到的每个项目考量的知识点,精确表述方式、敲定选项和答案。去除考点不合适、答案逻辑不清、重复等各种不适宜的项目。然后进行初试,获取试题的信度、效度、难度、区分度指标。根据初试结果调整项目,增加合适的项目,去除在初试过程中发现的有问题的项目,留下高质量的项目组成测验。对于入选项目还要按照一定逻辑确定编排的顺序。试测可能施行多次,项目筛选也可能进行多次,最终组成效度、信度、难度、区分度都符合测量学要求的测验。

4. 确定测验的常模

选择具有代表性的样本施测,根据结果确定测验的常模。常模的确定方法要根据心理测量学的要求和实践中的各种条件和情况确定。

5. 编写测验指导书

测验指导书内容包括测验目的、适用对象和范围、测验操作要求、测验质量参数、标准答案、评分规则等。测验常模可以用附录的形式印在指导书后,也可以单独印刷。当然正式出版发行还需有负责机构的批准。

(二) 教师自编学业成绩测验的编制

标准化学业成绩测验质量高、误差小,能在大规模测验中客观准确地完成对被测者的测定和评价,是一种很理想的测验形式。但是标准化学业成绩测验的编制技术要求高、投入大,特别是要考虑全面,所以其灵活性较差。学校中需要的测验种类比较多、测验时间也比较灵活,所以教师自编的学业成绩测验才是学校中比较常用的测验。

1. 教师自编学业成绩测验的特点

(1) 测验形式灵活多变,与测验目的完全一致

教师自编学业成绩测验完全由教师根据测验目的编制,自己确定测验的时间、地点、内容和形式,比较符合教师的需要。

(2) 测验内容与教材内容高度一致

教师自编学业成绩测验可以按照教师上课教授的内容编制,所以可以与所用教材高度一致。使用教师自编测验,为教师自主安排教学内容和进度以及特色教学提供了方便。

(3) 测验难度契合学生的实际水平

标准化学业成绩测验的对象分布范围广,所编试卷只能以全体被测者的平均水平作为难度的参考水平,难以保证难度适合所有学生。教师自编学业成绩测验由教师自己编写,可以依据自己学生的实际水平出题,因此不会出现难度不恰当的现象。学生在测验后均能获得针对性很强的评价信息,找到自己努力的方向。

(4) 测验编制简易、快速

教师自编学业成绩测验是在教师对学生、对教材、对教学要求都非常熟悉的情况下进行的,若教师注意积累以往的教学经验和命题经验,编制一份测验是比较容易的。况且教师自编学业成绩测验不需要预试,不需要收集信度、效度数据,更不需要常模,因此编制花费的时间也比较少。大多数教师自编学业成绩测验的编制简易、快速,只要教学需要,就能快速地实现施测,这是任何标准化学业成绩测验都无法比拟的。

2. 教师自编学业成绩测验的步骤与方法

(1) 确定测验目的

因为是针对自己教学的测验,所以可以直接确定具体目标,如某一知识掌握的程度或者能解决习题的难度等。

(2) 制订测验编制计划

教师自编学业成绩测验的编制计划通常用一张双向细目表呈现(见表7-1和表7-2),其中一个维度是内容,即某一学科教材中的各个课题或知识点及其题型,另一维度是在教学中要达到的行为目标。

表 7-1 数学命题双向细目表

检测知识要点	题型及总分		目标层次					合计分数
			识记	理解	简单应用	综合应用	创新	
三位数的加减法	计算题 38分	口算	5	5				10
多位数乘一位数		笔算	6	6				12
				2	2			4
分数的简单计算			2	2	2			6
看图文列式计算		列式计算		2	2		2	6
测量：千米、吨	基础知识 30分			2	1	2		5
时、分、秒			2	2	1			5
认识简单的分数			2	1	1			4
四边形的特征及画法				2	1	1		4
计算周长的方法					2	1	1	4
可能性					2	1	1	4
排列与组合				2	1	1		4
四边形	操作题 7分				1	2		3
估计					1	2	1	4
加减混合及乘法的应用	应用数学 25分			2	3			5
经过时间的计算			1	2		2		5
			1	2	2			5
周长的应用					2	2	1	5
估计的综合应用					1	2	2	5
合计总分数			19	32	25	16	8	100
预计难度系数			0.8	0.9	0.8	0.7	0.5	0.7

表7-2 语文命题双向细目表

检测知识要点	题型及总分	目标层次			合计分数
		识记	理解	运用	
积累与运用 1. 能正确拼读音节,能分辨易错字的字音 2. 能分辨易错字字形;综合运用多种识字方法独立识字;注意不写错别字 3. 能正确理解常用词语的基本意思,能在语境中恰当运用词语、成语;综合运用学过的理解词语的方法理解词语;学习运用课文的关键词语 4. 仿照课文写句子;学习运用常见的句式 5. 能根据提示准确回忆学过的古诗文和课文	看拼音写词语	14			14
	组词	16			16
	根据语境选择合适的词语;根据语境填写合适的词语		20		20
	找近义词		8		8
	照样子写词		2	2	4
	积累	7			7
	排序		5		5
阅读 学习抓住课文的关键词句理解课文内容,体会作者要表达的思想感情;能初步把握文章的主要内容;能够综合利用所给的信息并联系个人经验从多个角度对问题做出合理的解释	分析处理问题			8	8
	按要求写句子			6	6
习作 能够根据给定的情境作文,运用自己平时积累的有新鲜感的词句;语言通顺,表达清楚,结构基本完整;标点基本正确,修改习作中有明显错误的词句	看图作文	3	3	6	12

(3) 命题与组卷

首先,确定本门课程要考的内容。经常自编测验、命题出卷的教师,拥有许多反馈信息。教师应该充分利用这些反馈信息,认真总结自己的命题经验,提高自己的命题技术。教师要不断积累优秀试题,不断充实个人的"题库"。

其次,合理使用各种题型。客观题答案唯一、评分客观,在测验中多用客观试题,可有效提高测验的信度。由于教师熟悉教材、熟悉学生,因此只要教师精心编题、精心评阅,用自由反应型试题施测同样会收到比较好的测验效果。

自由反应型试题与定向反应型试题的比较见表7-3。

表 7-3 两种题型的比较

试卷	题型	
	自由反应型试题	定向反应型试题
考核功能	有利于考核较高层次能力	适应面广,不能考核层次能力
作答过程与方法	作答方式复杂,除了思考,要用大量时间书写	作答方式简单,大部分时间可用以阅读和思考
题量与知识覆盖面	题量小,试题综合性强。全卷知识覆盖面小	题量大,全卷知识覆盖面大,但单个题的深度、容量均有限
评分	评分标准不易制定,评分易受阅卷者主观因素影响	答案唯一,评分客观,可用机器批阅
试题编写	相对容易	相对困难
作伪可能	考生的书写风格可能影响得分	考生随机作答也能得分

（4）制定评分标准

因为自由反应型试题的评分易受阅卷者主观因素影响,评分标准应尽量客观且可数量化。教师自编测验在施测之后教师应对试卷做定量分析。定量分析内容主要是试题的难度、区分度,选择题各选项的选答率,以及整份试卷的信度,如果有效标还可以计算效度。根据数据分析评价各项目的质量,评价试卷的整体质量。试卷定量分析为总结命题经验、提高命题技术提供了第一手的信息。

三、学业成绩测验结果的评价与解释

扫码查看　教师自编测验评分注意事项

【拓展学习】

（一）测验的评分与计分

测验评分的要求是客观和一致。客观是指严格按照计分方法计分,一致是指所有的测验标准都相同。对于主观题,如简答题、论述题、材料分析题等,即使同一个评分者也很难达到对所有试卷的评分都同样客观和一致,而客观性测验如选择题、是非题的评分较为客观。学业成绩测验的计分要求准确无误。

(二) 分数的评价与解释

评价与解释密不可分。对学业成绩测验得分的评价与解释分为绝对评价与相对评价两种。

1. 绝对评价

学业成绩测验的绝对评价是指根据各门学科教学大纲的要求,确定评价标准和等级标准,从而衡量学生对该测验所测内容的掌握程度的一种评价方法。按这种方法得出的分数往往只能显示个人的绝对成绩,不能表示其在团体中的地位,故常作为原始分数记录下来。适宜进行绝对评价的测验一般要求项目答案明确,回答简便,题量充足,评分准确、简单且可靠。其题型多为简答题、是非题、填空题、匹配题、选择题或排列题等。该方法要求尽可能排除评价的主观性和随意性。例如,学生在数学考试中得了 94 分,满分为 100 分,这种评价即为绝对评价。

2. 相对评价

学业成绩测验的相对评价是根据学生所在团体的全体成员的成绩分布,考查个体成绩与团体平均成绩的差异,反映个体在团体中相对地位的一种评价方法。该评价法可反映学生间的水平差异,但不能体现是否达到教学目标。例如,学生在数学考试中得了 94 分,把其成绩放入全班级甚至全年级的总体中,找到该分数所处的相对位置,评价结果为该分数处于班级前 10%,比较高,这是相对评价。

解释测验分数还要加入分析,如得分原因、分数分布特点和改善的方向等方面。

四、教师自编学业成绩测验案例及其分析

(一) 编制双向细目表

自编测验的教师首先根据自己的测验目标设计双向细目表。可以把所测试的知识点与目标层次结合起来做表,也可以把知识点与题型结合起来做表,或者把三者结合起来做表。表 7-4 是小学三年级数学考试的双向细目表示例。

表7-4 小学三年级数学测验双向细目表

知识点	目标层次	选择	填空	计算	动手操作	解决实际问题	合计
两位数除以一位数	记忆						
	理解	4	4				8
	应用						
除法的验算	记忆						
	理解		2	1			3
	应用						
商中间或末尾有0的除法	记忆			6			6
	理解		1				1
	应用						
比较数的大小	记忆	2					2
	理解	2					2
	应用						
千克和克	记忆	2	4				6
	理解						
	应用						
用两步计算解决实际问题	记忆						
	理解	2	1				3
	应用						23	23
长方形和正方形的基本特征	记忆						
	理解		2				2
	应用						
认识周长	记忆	2					2
	理解						
	应用						
长方形和正方形周长的计算	记忆						
	理解	6	2		4		12
	应用		2		4	5	11

续表

知识点	目标层次	选择	填空	计算	动手操作	解决实际问题	合计
三位数乘一位数的笔算	记忆	2	1	3			6
	理解	2	1				3
	应用	2					2
乘数中间有0的乘法	记忆			3			3
	理解						
	应用						
乘数末尾有0的乘法	记忆		1				1
	理解		2				2
	应用						
观察物体	记忆	2					2
	理解						
	应用						
总计		30	21	13	8	28	100

教师需要确定各层次考点的分值和难度。在表7-4中，记忆层次项目分值为28分，理解层次项目分值为36分，应用层次项目分值为36分；难度预测的结果为：记忆层次项目难度0.9，理解层次项目难度0.8，应用层次项目难度0.7；测验难度0.8。

编制双向细目表是为了保证编制过程与项目目标的适应性，避免项目出现偏差。即满足各层次项目比例的要求，难度符合目标，知识点涵盖所学内容，多种题型符合设计。

（二）编制测验试卷

根据双向细目表编制题目组成测验如下。

一、选择正确答案的序号填在括号里。（每题2分，共30分）

1. 2米和200克相比，（　　）。
  A. 2米大　　B. 200克大　　C. 一样大　　D. 无法比较

2. 1千克 大约有（　　）个。
  A. 5个　　B. 50个　　C. 500个　　D. 5 000个

3. 用12个边长1厘米的正方形拼成一个长方形，有（　　）种拼法。

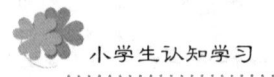

A. 2　　　B. 3　　　C. 4　　　D. 5

4. 一台照相机714元,摄影组要买两台照相机,拿( )比较合适。

A. 1400元　B. 1500元　C. 1600元　D. 1800元

5. 用边长1厘米的小正方形,拼成如下的图形,周长相等的是( )。

① ② ③ ④

A. ①和②　B. ②和③　C. ③和④　D. ②和④

6. 459÷□,要使商是两位数,□里可以填的数有( )个。

A. 3　　　B. 4　　　C. 5　　　D. 6

7. 在下面的算式中,得数大于30小于40的算式是( )

A. 68÷4　B. 90÷3　C. 76÷2　D. 84÷2

8. 把一个正方形剪成两个长方形后,两个长方形的周长之和( )原来正方形周长。

A. 大于　　B. 小于　　C. 等于　　D. 无法比较

9. 与360×2×3结果相等的式子是( )。

A. 360×9　B. 360×6　C. 360×5　D. 360×4

10. 两个数的积与两个数的和相比,( )。

A. 两个数的积大　　B. 两个数的和大
C. 一样大　　　　　D. 都有可能

11. □52×3,要使积是三位数,□里最大可以填( )。

A. 1　　　B. 2　　　C. 3　　　D. 4

12. 用( )个一样的小正方形,可以拼成一个大正方形。

A. 4　　　B. 6　　　C. 8　　　D. 10

13. 一个正方形的边长增加5厘米,周长就增加了( )厘米。

A. 5　　　B. 10　　　C. 20　　　D. 25

14. 一个长方形周长是80分米,长是25分米,它的宽是( )分米。

A. 15　　　B. 20　　　C. 40　　　D. 55

15. 小明在计算除法时,把除数6看成了9,结果得24,正确的商应是( )

A. 16　　　B. 36　　　C. 40　　　D. 45

二、填空。(每空1分,共21分)

16. 326×4的积是( )位数。50×8的积的末尾共有( )个0。

17. 如果□56÷3的商是三位数，□里最小填( )；要使□56÷3的商是两位数，□里最大填( )。

18. 用两个边长为3厘米的小正方形拼成一个长方形，这个长方形的周长是( )厘米。

19. 一个数比50的5倍小一些，比50的4倍大一些，这个数最小是( )，最大是( )。

20. 在括号里填上合适的单位名称。
    (1) 一袋方便面重105( )
    (2) 一只鸡约重2( )
    (3) 张老师的身高是175( )
    (4) 一头牛重350( )

21. 爸爸今年35岁，乐乐今年5岁。明年爸爸的年龄是乐乐的( )倍。

22. 用一根铁丝围成一个长8厘米，宽4厘米的长方形，如果把它改围成一个正方形，这个正方形的边长是( )厘米。

23. 明明围着一个正方形的花坛走了2圈，一共走了64米。这个正方形花坛的边长是( )米。

24. 6□9÷6，要使商中间是0，□里最小填( )。
    70□÷5，要是商末尾是0，□里最大填( )。

25. 小苗看一本105页的故事书，第一天看了18页，第二天看的页数是第一天的2倍。第三天应从( )页看起。

26. 将3、4、5、6填在□□□×□中，要使积最小，算式是( )。（不用算得数）

27. 一张边长16厘米的正方形纸片，对折再对折，展开后得到右边图形。每一个小长方形的周长是( )厘米。

28. 在 7)□□□ 上面是 8□ 中，被除数的百位上可能是( )或( )。

三、计算。（用竖式计算，带*号的要验算。前3小题每题3分，第4小题4分，共13分）

29. 5×605＝   4×344＝

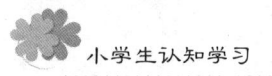

   630÷6=   *800÷7

四、动手操作。(每小题4分,共8分)

30. 下面的每个小方格的边长都是1厘米。请你在下面的方格中分别画出一个周长是12厘米的长方形和正方形。(4分)

31. 计算下面各图形的周长。(4分)

(1) 单位:厘米   (2) 单位:分米

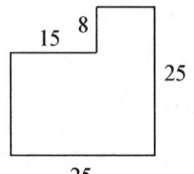   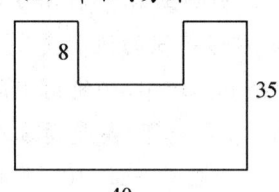

五、解决实际问题。(32~36题每题5分,第37题3分,共28分)

32. 王老师带7个学生去看马戏表演,买门票一共要付多少元?

售票处
成人票:75元
儿童票:35元

33. 刘老师买了 5 个同样的面包和 1 袋饼干,每个面包重 60 克,每袋饼干重 700 克。刘老师一共买了多少千克的东西?

34. 花坛里有一块靠墙的草地(如右图),长和宽分别是 23 米和 17 米。如果用栏杆围这个长方形草地,至少需要多少米栏杆?

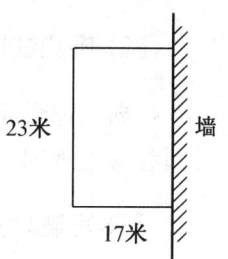

35. 三年级同学栽了 24 棵树,四年级同学栽的棵数是三年级同学栽的 3 倍,五年级同学比四年级少栽 4 棵。五年级同学一共栽树多少棵?

36. 冬季运动会即将开始,学校决定给每个班准备 8 根跳绳和 5 个足球,一共分发了 215 个足球。算一算,全校一共有多少个班?一共需要分发多少根跳绳?

37. 某食品店有 5 箱饼干,如果从每个箱子里取出 24 千克,那么 5 个箱子里剩下的饼干正好等于原来的 3 箱饼干,问原来每箱子里装多少千克饼干?

该试卷项目形式多样，考量了知识和技能，如计算技能和操作技能，既有基础知识考点也有解决实际问题的能力考点。同时，题型的设置符合小学三年级学生的认知特点。

（三）试测和调整项目

教师可以以自己为被测者，在限定时间内做题，以核实测验的难度、时间与难度的匹配、题型的恰当性和项目排列的科学性。只有试测才能发现许多想象不到的问题。根据试测结果，再次调整项目。

（四）施测试卷和评分

根据上述学业成绩测验的施测和评分标准进行。因为评分易受阅卷者主观因素的影响，所以评分标准应尽量客观、可数量化。

（五）定量分析

在评定学生成绩后，教师要进行试卷分析，并填写试卷分析表。

教师应对试卷做一些定量分析和定性分析。定量分析的内容主要是通过率（试题的难度）、成绩分布（正态、偏态和具体分布）和区分度、选择题各选项的选答率，以及整份试卷的信度，如有效标还可以计算效度。教师要根据数据分析评价各项目的质量评价试卷的整体质量，总结命题经验和命题技术，做好记录。

当把成绩公布给学生本人时，教师要将相对评价和绝对评价相结合。即不仅告知学生在数学考试中得了 85 分，还要告知该分数所处的相对位置，让学生知道自己的情况。另外，还要加入分析，如得分原因、最近学习状态、学习内容的特点和成绩的关系、改善的方向等方面。也可以把该成绩与该生以前的成绩做对比，分析学生成绩的变化情况。

对教师来说，该测验的成绩使教师明确了学生的学习效果以及教学目标的达成情况，该成绩也可以用于学生阶段性学习的诊断性评价，便于为后面的调整教学提供依据。

扫码查看 回答各种学绩测验题型时的技巧

【文件素材】

本章小结

本章介绍了测量、测验与评价的含义,并且对测验与评价的种类进行了详尽的介绍。有效测量的特征是信度、效度、难度与区分度,是本章的重点内容。在各类测验中,本章重点介绍了学业成绩测验的特点与分类、评分与解释,以及如何编制一份小学生学业成绩测验。

思考与练习

1. 简述测量、测验和评价的区别。
2. 列表描述测验的种类。
3. 用自己的语言解释评价的种类。
4. 什么是效度?效度有哪些种类?如何提高效度?
5. 什么是信度?信度有哪些种类?如何提高信度?
6. 什么是难度?阐述难度与区分度的关系。
7. 尝试编制一份语文学绩测验。

第八章　小学生认知学习的教学设计

扫码查看
本章资源

知识图式

- 小学生认知学习的教学设计
  - 教学设计概述
    - 教学设计的含义和要求
      - 教学设计的含义
      - 教学设计的要求
    - 教学设计的理念
    - 教学设计的方法
      - 根据教学目标进行
      - 根据教学模型进行
      - 根据教学环节进行
      - 根据教师个体的主观因素进行
  - 小学课程的教学设计
    - 教学目标设计
      - 教学目标的含义
      - 教学目标的类型
      - 小学课程中教学目标的表述
    - 教学策略设计
      - 教学策略的含义
      - 小学课程的教学策略设计
    - 教学媒体设计
      - 教学媒体的含义
      - 教学媒体的选择
    - 教学评价设计
      - 教学评价的含义
      - 教学评价的发展趋势
      - 教师需要掌握的教学评价方法
  - 认知学习的学生活动设计
    - 学生活动设计的基本要求
      - 依据教学目标
      - 贴近生活实际
      - 以"兴趣"为先导
      - 时间安排要适宜
      - 组织方式要得当
      - 评价反馈要及时
    - 以学生为中心的学生活动设计
    - 学生活动设计的注意事项
      - 活动目标需求化
      - 目标活动细节化
      - 活动设计弹性化
      - 指令交代程式化

 具身认知

本章导学

"欲致远,先筹划",高效的课堂离不开教师对课堂教学行为的事先筹划。本章需要掌握教学设计的本质,理解教学设计的要求和理念;能根据教学目标、教学模式、教学环节和教师的主观因素进行教学设计;合理设计教学目标、教学策略、教学媒体和教学评价;重点掌握以学生为中心的课堂学生活动设计。

学习目标

1. 掌握教学设计的本质,充分理解教学设计的要求。
2. 熟练运用教学设计的方法,合理设计教学目标、教学策略、教学媒体和教学评价。
3. 能根据教学活动设计的要求,设计出以学生为中心的课堂学生活动。
4. 能阐述课堂教学中学生活动设计的注意事项。

第一节 教学设计概述

教学设计是保证教学效果的关键环节,学习教学设计首先要全面掌握教学设计的要求、理念和方法。

一、教学设计的含义和要求

(一) 教学设计的含义

教学设计是指在实施教学之前由教师对教学目标、教学策略、教学评价等进行规划和组织并形成设计方案的过程。

教学设计是教师在讲授教材中的一章或一个单元的内容前和开展一节课堂教学前必须完成的工作。即根据课程标准的要求,依据教学内容、教室情境、时间条件、学生情况和可利用的教学条件(媒体设备和其他室内陈设),确定具体教学步骤和方法,确定教学内容的顺序、过渡语言、具体例证、总结语言和作业等具体事项。当然教学设计的重要内容是教学目标、教学重点和难点,以及攻克

难点和突出重点以实现教学目标的策略。

教学设计相当于教案的精炼。教学设计的内容标准是具体到依照教学设计可以立即实施的程度;教学设计的形式标准是用精炼的语言和简洁明了的图式表示教学过程。所以教学设计是智慧的、具有科学性和高度逻辑性的且清晰的书面化方案。

(二) 教学设计的要求

教学设计具有规范性、目的性、精巧性、可操作性、创新性和个性。

1. 形式上的规范性

教学设计必须按照规范撰写。最具体的格式规范是教学设计模板。虽然教学设计模板因区域或者学校不同而有差异,但是所有的教学设计所包含的内容基本相同(见表8-1)。

表8-1　教学设计模板

教学课题					
教学科目		教学对象		教学时间	
授课教师			教学单位		
教材分析					
教学目标					
教学重点和难点					
教学策略					
学情分析					

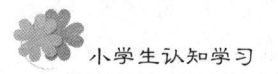

教学过程		
教师活动	学生活动	活动环节与目标的关系

板书设计

教学反思

扫码查看　　小学教学设计范例

【在线案例】

可见，完整的教学设计区域块一般包括教学对象、教学目标、教学重点和难点、教学过程、教学策略和教学反思等内容。

2. 设计上的目的性

教学设计的最终目的是达成教学目标。

教学设计的最终教学目标是实现三个维度的课程目标：① 知识与技能维度；② 过程与方法维度；③ 情感、态度与价值观维度。课前教师要进行本节课的三维课程目标设计，并在教学过程中将三维课程目标落实。紧密围绕课程目标的教学才是精致和有效的，所以教学设计必须有目的性。

3. 内容上的精巧性和可操作性

教学设计是用有限的篇幅、规范的形式呈现课堂教学的重点、难点和操作过程等,所以要求内容精巧不繁多、语言逻辑简洁清晰。

教学设计的直接目的是设计课程的具体实施方法和步骤。本质上教学设计也是落实三维课程目标的过程,涉及教学技能技巧等多种技能,所以教学设计要有可操作性,能直接用于课堂教学的实施。

4. 方法上的创新性和个性

教学设计根据具体的学科内容设计,相对于教学模式的普遍的参考作用,更能提供具体的、个性化的教学程序,具有更大的创新空间。近几年开展的创新教学设计大赛,呈现了很多新颖的教学设计,证明教学设计的创新具有可能性,是教师努力的方向。

专栏 8-1

教学设计的目的性、精巧性、可操作性、创新性和个性

在小学六年级的"阅读文章回答问题"的任务中,教师首先让学生流畅且有感情地朗读文中描写老人和小孩互动的语句,并边听(读)边推想作者的写作目的是什么。然后让每个学生在小组内有理有据地表达自己的观点,进行商量讨论。接着集中、提问、追问,引导学生准确有逻辑地表达自己的观点。学生充分表达后,教师提示答案:写作目的是描述天伦之乐,同时教师精确阐述得出答案的逻辑,并提问"伦与轮"的不同。然后教师让多个学生重新准确表达,得出答案的逻辑,教师进一步提问:作者写这部分的思想和感情是什么?在得出标准答案后,再次让多个学生准确重复推出作者思想和感情的逻辑。作业是分段写出天伦之乐的情境,下节课分享。在这一语文教学设计中,达到了第三学段的学段要求,实现了三维课程目标。

问题:

(1) 找到本教学设计与课标中第三学段要求的对应点。

(2) 在该过程中,最重要的是什么?

(3) 做更具体的教学设计,体现教学设计的要求、理念和方法。

(4) 设计过程中,体验本章第三节认知学习的学生活动设计。

二、教学设计的理念

教学设计的重要特点是"有效性"。有效的教学设计要关注学生和课堂。

1. 关注学生

教学设计要关注学生学习的机制、知识和技能内化的过程,而不仅仅是关注教学过程。其中,最重要的是根据学生学习的方法设计教师教学的方法,二者的拟合度决定学习的效果。

2. 关注教学目标

教学的程序、活动甚至具体语言都要围绕、指向教学目标开展。避免为了有趣而脱离教学目标,为了有活动而脱离教学目标。

3. 关注学生的课堂状态

有效的教学设计是让学生拥有安静的纳入、整合、反刍的空间,能独立完成的问题一定要独立完成,需要合作完成的项目才可以讨论。关注学生的课堂状态,还要注意学生的听课情况,教师不可以只根据学生的外部状态判定其是否认真学习,有的学生心理的认真状态与外部动作一致,有的学生思维越活跃,外部伴随动作(无意识动作、与学习无关的动作)越多。掌握每个学生的特点,根据其内部学习状态进行评价和引导才是真正有效的教学。

4. 体现整体性

教学中的各种活动必须统一为一个整体。教学过程的各个环节必须有逻辑关系,既可以按照知识之间的逻辑设计,也可以按照教学目标之间的关系设计。一节课中的活动必须有逻辑性,其中递进关系是比较理想的关系,平行活动之间也要有关联。知识的讲授、技能的练习、活动的展开以及课堂教学的五大环节之间要逻辑紧密、环环相扣。

5. 关注时间的合理分配

教学设计是在有限的时间内使各个教学环节整体、系统、有机、和谐地运作。一节课的时间是固定的,用有限的时间完成本节课的目标,需要教师全面考虑,既要给学生充足的时间提出问题、思考问题,又不能环节过多、变换太快。

三、教学设计的方法

教学设计受很多因素的影响,既包括客观外在因素也包括教师个人的特征。根据这些影响因素要做不同的教学设计。

(一) 根据教学目标进行

虽然教学设计包含教学目标,但是在进行教学设计时,首先要查找并理解课程标准,根据课程标准中的教学目标要求进行目标设计。

1. 小学知识目标的教学设计

小学教学中,实现知识目标的教学设计分为识记、理解和运用三个基本层次。如识字、背诵古诗、认识数学符号、背诵法则等。实现知识目标可用的教学设计有讲授、提问复述、活动、讨论、表演等。讲授中可以通过比较加强深度、通过总结实现升华;讨论可以用头脑风暴法;表演可以小组形式或个人形式进行。

2. 小学技能目标的教学设计

技能目标的教学设计原则上包括模仿、独立操作和迁移三种水平。模仿要求速度和质量,可以采用角色扮演或者活动等教学设计,角色扮演比较费时,但是记忆质量好;活动设计等花费时间少,但是由于学生的记忆品质不同而遗忘有快有慢。

独立操作技能的形成过程包括五个阶段,所以教师在进行教学设计时要设置阶段性的目标,而且不同的阶段可以采用不同的教学设计。

认知定向阶段,是获得有关技能的程序性知识并在头脑中形成操作表象。在此阶段,程序性知识是以陈述性知识的方式呈现的,其学习方式也与陈述性知识学习相似。只不过内容表达的是操作的程序。所以可以采用知识目标的教学设计,但是一定要注意引导学生在头脑中形成表象,如同时在黑板上呈现简单的流程图、简单的图像,或者让学生用简单的线条画出基于对文字理解而形成的头脑中的图像等。总之,认知定向阶段教学设计的重点是形成表象。

基本规则练习阶段是学习者初步按照规则进行实际操作以形成动作技能的阶段。该阶段的本质是分步练习操作,特征是不连贯,所以可以采用出声思维和实际操作练习的教学设计。

初步整合阶段是将各种基本技能联合为更大的操作系统用以完成更复杂的任务,这种联合需要通过不断练习、反馈和矫正才能逐步形成。所以教师需要设计各种重复或者不断升级的练习。

熟练阶段是指技能表现出速度和准确性。该阶段的教学设计可以是呈现问题、要求学生解决问题,并提出梯级的速度和准确性的要求,以练习速度和准确性。

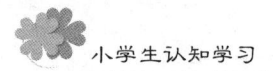

完善阶段一般需要在长期的学习过程中才能实现。教师需要在后续的课程中设计应用环节,即做比较长期的教学设计,促进学习者技能的完善。

认知定向阶段和规则练习阶段可以做小组活动的教学设计,而初步整合阶段、熟练阶段和完善阶段,则更适合做个体独立完成的教学设计。

扫码查看 **小学生基本规则练习阶段的教学设计**

【在线案例】

3. 过程与方法目标的教学设计

过程与方法目标的教学设计主要是活动设计,如教师和学生组成学习共同体,共同发现、探索和研究,找到解决问题的方法。教师作为引导者、帮助者甚至也是学习者,学生是知识的发现者、解释者和建构者。需要注意的是,教师要给学生足够的时间并允许学生犯错误,这也是达到过程和方法目标的重点。

4. 情感、态度和价值观目标的设计

情感、态度和价值观目标的设计主要采用体验设计。体验某种情感是培养儿童情感的最佳方法,情感体验可以采用案例教学设计和活动教学设计;态度和价值观目标的教学设计要采用熏陶设计,贯穿在所有的教学内容和环节中。

(二)根据教学模式进行

根据愉快教学模式、活动教学模式、自学辅导教学模式、研究探讨教学模式、主体性教学模式、反思性教学模式等教学模式的要求,教学设计要做到以学生为中心,设计语言、行为调动课堂气氛;随着年级的升高设计自学辅导;设置各抒己见的讨论;组织学生反思,提供反思的时间、空间和自由及安全的氛围;进行技术分析,确定合理的结构。但是达到教学目标是教学效果的首位指标。

(三)根据教学环节进行

根据课堂教学的环节,要注重设计过渡语、案例总结语、提问语和启发语、选点与策略等。

1. 过渡语

学生对教学环节间的逻辑的掌握,对于知识的存储和提取非常重要。所以教学设计时要重视环节间的过渡语言。过渡语体现内容的逻辑性,也是为以后学生解决问题时提取信息提供了线索,而且能起到训练学生思维技能的作用。教师必须在课前反复琢磨,修改各环节间的过渡语,确定具体的用词和语句。

2. 案例总结语

案例具有情节性,包含很多的具体信息。小学生注意到的案例的信息点是教师必须控制的。控制的方法是重视呈现案例后的指导语言,语言的关键是将案例与案例支持的原理紧密地结合起来。语言要具体且能严谨地解释案例和原理及其关系。

3. 提问、追问和启发

最初的提问语可以由教师课前设计,目的是突出重点、集中学生注意力或者了解学生对知识的理解情况。但是追问语一定要根据提问后学生的回答临场做出。追问的内容一般是教师要根据学生的回答发现的问题,一般是学生没讲清楚的知识点,或者学生忽略的重点明显未意识到的内容。追问要起到启发作用,所以追问与启发是临场教学技巧。

4. 选点与策略

选点与策略是指教师选择达到教学目标的关键点,并设计实施策略。如确定引导学生情感、态度、价值观目标的教学选点及其实施的教学策略。

(四) 根据教师个体的主观因素进行

适合授课教师本人的教学设计更能发挥出良好的教学效果。教师自有的性格和气质、思维方式、实践体验、知识结构、能力水平、情感态度价值观,最重要的是语言风格,都会影响到教学设计。个体的主观能动性、智慧、情商、教学经验和学生经验不同,教学设计也不同。文静的老师用优美的语言传授内容,设计重点在优美的语言;多血质的教师用丰富的表情和语调感染学生。

第二节 小学课程的教学设计

从层次上,教学设计可分为课程设计、学期设计、单元设计和课题设计。从任务上,教学设计包括教学目标设计、教学内容设计、教学过程设计、教学组织形式设计、教学策略设计、教学技术设计和教学评价设计。其中还有更具体的设计要求,如导入设计、问题设计、

情境设计、反馈设计、练习设计、竞赛设计和活动设计等。

一、教学目标设计

(一) 教学目标的含义

教学目标是指在教学活动中所期待得到的学生的学习结果。确定每门课程的教学目标的依据是课程标准,教师可以将课程标准中的教学目标细化,制定一节课或者一个单元的具体的教学目标。教学目标是选择教学方法的依据、进行教学评价的依据、教学过程设计的依据。教学目标不仅能引导教师的教,还具有指引学生学的作用。

(二) 教学目标的类型

1. 布鲁姆的教育目标分类

布鲁姆认为教育应实现三个领域的目标:

(1) 认知目标:知识、领会、应用、分析、综合、评价;

(2) 情感目标:接受、反应、价值化、组织、价值体系个性化;

(3) 动作技能目标:知觉、定向、有指导的反应、机械动作、复杂的外显反应、适应和创新。

2. 加涅的教学目标分类

加涅将学生的学习结果或教学目标分为言语信息、智慧技能、认知策略、动作技能和态度。

3. 教学实践中教学目标的分类

我国第八次基础教育课程改革规定了教学目标的结构,完整的教学目标包括三个维度,即知识与技能、过程与方法、情感态度与价值观。

在实践中,课程或教学需要各有不同,确定具体的教学目标还需要与专家,尤其是教学经验丰富的教师研究讨论,使教学目标更科学、合理。

(三) 小学课程中教学目标的表述

教学目标一般有两类,一类是行为主义学习观的教学目标,主要集中在表述学生可观察和测量的行为变化上,表述目标的方式如"能列出""会定义""会计算"等。另一类是认知学习观的教学目标,主要集中在表述学生内在的变化上,表述目标的方式诸如"理解""掌握""体验""欣赏"等。

梅杰的行为目标表述法和格兰伦德的认知目标表述法

【知识点】

小学教学中,教师表述教学目标应注意以下方面:

1. 教学目标点在学生"学"的方面

教学目标体现在学生的学习上,而不是体现在教师的教学上。所以,表述教学目标时,主语必须是学生。如果谓语动词的主语是教师,就是错误的表述。如"使学生理解加法交换律、教给学生……"这句话的前半句主语就是教师,教师使学生理解加法交换律,后半句即为教师教给学生……,这是错误的教学目标表述方式。

2. 教学目标的表述模式是"能……"

教学目标一般用"能……"的表达方式,"使能……"即"使学生能够……"这种方式是错误的。行为主义的学习目标中,学生的"能"要通过行为表现出来,如能朗读、能拼读、能算出、能用自己的话说、能使用某种方法、能指出共同点和不同点、能写出……,这种从行为上表现出学习结果,便于制定行为样本和检测标准;认知学习观的学习目标一般是用"理解、掌握、体会、体验、学会、感受"等无法直接检测的方式表示。如"理解'比'的意义,掌握比各部分的名称和读写法,会求比值;理解比与分数、除法的关系"等。

3. 既反映结果,又重视过程

教学目标既要反映学生学习的结果,又要重视获得知识的过程。教学目标是预期的学习结果,即教师预期学生通过学习后达到的水平。就认知学习而言,学习结果通常指小学生在知识、技能、策略等方面发生的变化;重视获得知识的过程的教学目标,如"能叙述解题思路""能进行出声思维",是在描述找到解题方法的过程或解决问题的过程,所以也是教学的重要目标。

4. 教学目标的表述应具体、明确,具有可测性

教学目标的时间范围是在本节课上能够实现的目标,教学目标的表述要具体、明确,防止空泛。另外,教学目标要可以检测,以更好地发挥教学目标的功能。

5. 教学目标的表述要有层次

依据课程标准的要求并结合学生的认知规律,按照教学内容的难度从低到高、由易到难,设计具有不同要求、不同层次的教学目标,更利于在教学过程中使用。

6. 教学目标的常用格式

除前文讲述的格式之外,"能记住……事实,能理解……概念,能形成……技能,能经历……过程,能掌握……方法,能应用……定律分析……问题,能形成坚定的……信念,能养成……的习惯,能持有对……的热情。"这些也都可以作为教学目标的常用格式。

专栏 8-2

关于技能教学目标的水平与行为动词

模仿水平。包括在原型示范和具体指导下完成操作,以及对所提供的对象进行模拟、修改等。如能模拟、能重复、能再现、能模仿、能例证、能临摹、能扩展、能缩写……

独立操作水平。包括独立完成操作、进行调整与改进、尝试与已有技能建立联系等。如完成、表现、制定、解决、拟定、安装、绘制、测量、尝试、试验……

迁移水平。包括在新的情境下运用已有技能、理解同一技能在不同情境中的适用性等。如联系、转换、灵活运用、举一反三、触类旁通……

扫码查看 教学目标设计:知识、技能、体验性目标的学习水平与行为动词

【素材文件】

二、教学策略设计

(一)教学策略的含义

教学策略指教师采取的有效达到教学目标的一切活动方案。教学策略设计的内容包括教学事项的顺序安排、教学方法的选用、教学媒体的选择、教学环境的设计、师生相互作用的设计等。其中最主要的是教学模式的选择和教学方法的选用。

教学策略设计的角度比较多,所以类型也比较多。如教师中心取向的教学策略设计和学生中心取向的教学策略设计;阅读教学设计中,可以设计任务型阅读教学模式、情景阅读教学模式、探究阅读教学模式和项目阅读教学模式;在教学方法设计中,有显性

教学方法设计和隐性教学方法设计、演绎的教学方法设计和归纳的教学方法设计。此外，还可以是设计体验型教学策略、分析型教学策略、游戏型教学策略。小学阶段可以多采用体验型和游戏型的教学策略设计。

（二）小学课程的教学策略设计

1. 直接教学

目前，国内小学运用比较多的教学策略设计是直接教学。

（1）直接教学的含义

直接教学是教师中心取向的教学策略，以学习成绩为目标，在教师的指导下使用结构化的有序材料进行教学。直接教学策略的理论基础主要是斯金纳的操作条件反射理论，强调的是控制学习者可被测量和观察的行为，而重点不集中在学习者的内在心理动力上。

（2）直接教学的核心内容

直接教学策略的核心内容是读、写、算。它是为五到八岁儿童设计的课程方案。小组教学是直接教学策略的主要特征。一个班级通常分为四个小组，每个小组由4~7人组成。根据内容的难度水平的不同，活动持续时间不同。所以，直接教学的运用在小学低年级（1~2年级）很受欢迎，该学段大部分的教学集中于基本技能方面，如阅读、计算、拼写、书写等。

（3）直接教学的教学设计的环节

该教学环节按照"讲一遍学习内容—儿童重复（练习）—提一些问题—作一次小结"的顺序进行。在教学过程中，教师和儿童之间通过游戏和比赛的方式进行口语交互，儿童也积极地参与活动，活动的速率可达每分钟10个反应。

（4）直接教学的教学设计的策略

直接教学策略的最主要策略是行为训练。行为训练的具体策略是塑造、模仿、练习、回馈和强化。

扫码查看 **直接教学的优缺点**

【知识点】

2. 基于问题的学习的教学

（1）基于问题的学习的教学的含义

基于问题的学习的教学是一种让学生通过解决不一定具有确

具身认知

定答案的真实性问题来获取知识的策略,是由理解和解决问题的活动构成的一种新的学习方式和教学方式。作为一种活动取向的教学,基于问题的学习的教学可以追溯到美国教育家杜威的实用主义教育。

(2) 基于问题的学习的教学的主要特征

基于问题的学习的教学的主要特征有:问题是课程的关键;以学生为中心;教师是学习的辅导者或引导者;学生通过小组合作共同提出解决问题的多种方法,共同学习;问题是解决问题技能发展的载体;通过自主学习获得新信息。

(3) 基于问题的学习的教学设计的环节

基于问题的学习的教学设计的环节包括呈现问题情境、研究问题、重新研究问题、交流与汇报、反思与评价。

扫码查看 **基于问题学习的教学设计的环节**

【知识点】

3. 合作学习的教学

(1) 合作学习的含义

合作学习是以小组的形式,实质是实现组内成员合作和互助以达到学习目的的学习。

合作学习一般是以小组成绩为每个组员的成绩,小组成员组成的原则是差异性。合作学习的目的是使学生的学习均达到比较高的水平、互相弥补学习方法的缺陷、提高学生的人际交往能力。

(2) 合作学习的五个基本要素

合作学习的创始人约翰逊兄弟认为合作学习具有五个基本要素:

积极的相互依赖。合作学习中,学生要建立集体荣誉感,集体荣誉起到提高学习动机的作用。同时,合作学习鼓励同学互相帮助、互相依赖,对提高集体学习水平有非常重要的作用。

面对面的互动。面对面的互动指学生之间有机会直接相互交流、相互帮助和相互激励。通过直接相互作用产生所希望的合作效果。通过言语和非言语反应对彼此的学习表现提供反馈,从而促进缺乏学习动机的同伴参与学习,激励相互了解并建立良好的人际关系。

个人责任。合作学习中也不排斥分工负责。每个学生都需要承担自己的任务,肩负一定责任。

社会技能。社会技能是小组合作是否有效的关键所在。为了协调各种关系,达成共同的目标,小组成员必须做到彼此认可和信任,彼此进行准确的交流,彼此接纳和支持,建设性地解决问题。只有这样,组员之间才能进行有效的沟通,形成共同的活动方式,建立并维持组员间的相互信任,以及有效解决组内冲突等。教师必须教学生一些社会技能,以帮助学生进行高效合作。

小组加工。亦称"小组自评",是指小组成员对小组在某一活动时期内,哪些组员的活动有益和无益、哪些活动可以继续或需要改进的一种反思。

(3) 合作学习的教学设计

合作学习的方法有多种,大多以四个能力各异的学生为一组,也可两个学生为一组,还可以是规模不同的小组。一般来说,在合作学习中,学生会被指定在一个小组内一起学习几周或几个月。表8-2中列举了四种合作学习模式,适用于大多数年级和课题。

表8-2 四种合作学习模式的比较

学生小组—成绩分组	团队—竞赛—友谊赛	交错搭配	团队辅导的个别化
1. 教师呈现演讲或讨论的材料	1. 教师呈现演讲或讨论的材料	1. 学生阅读课文的某部分内容,承担独立的课题	1. 由班长对学生进行诊断性测验或练习,从而决定学习材料的难度水平
2. 团队完成练习本上的问题	2. 团队完成练习本上的问题	2. 承担相同课题的学生在同一"专家组"中学习	2. 学生以他们自己的步调进行工作
3. 教师对所学材料进行测验	3. 组与组间进行知识点的竞赛	3. 学生返回原来的组,同自己的同伴分享该课题的知识	3. 团队的同伴对照课文检查答案,班长主持测验
4. 教师判断小组平均分和个人进步分	4. 教师判断4周以来小组得分,评出最佳小组和最佳个人	4. 教师对学生讨论的课题进行测验 5. 个人测验得分被用于计算团队得分和个人提高得分	4. 班长对团队测验得分进行平均,盘点完成的单元数,计算出团队得分

资料来源:[美]加里 D·鲍里奇.有效教学方法[M].易东平,译.南京:江苏教育出版社,2002.

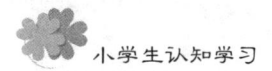  合作学习的四个模式

【知识点】

4. 探究学习的教学

（1）探究学习的含义

探究学习是教师提供学习情境，学生在情境中进行探索，形成对知识的感性认识和理性认识，进一步建构认知结构、生成解决问题的技能的学习。探究学习的理论基础是建构主义学习理论。

（2）探究学习的教学设计的环节

提出问题。问题由教师设定的问题和学生提出的问题构成。可以在探索前提出，也可以在探索过程中发现。围绕问题进行探索是探究学习的特征之一。

收集数据。学生通过探索获得信息。教师要及时指导学生将信息总结成科学的形式，如列表记录、列出流程图、比较记录等。

形成解释。学生根据获得的原始信息以及生成的记录和总结，对问题进行解释，回答教师和自己提出的问题。教师要引导学生达到掌握原理和规律的水平。

评价结果。对已经进行的解释进行进一步的升华。如将本次探索的问题与相关问题联系起来，形成更深入和广阔的认识等。

表达结果。学生阐述、论证和交流自己发现的问题的答案，分享自己掌握的原理和规律。

三、教学媒体设计

（一）教学媒体的含义

教学媒体是指在教学过程中传递信息的物质工具。按感官可分为听觉媒体、视觉媒体、视听型媒体和交互型媒体；按表达手段分为口语媒体、印刷媒体和电子媒体等。

（二）教学媒体的选择

教学媒体的选择需要综合权衡教学情境、学生学习的特点、教学目标的性质以及教学媒体的特性，尤其是学生当前的经验水平等因素。目前，教师的教和学生的学都要选择专门的学习系统和多媒体网络学习环境。常见的教学媒体有下列几种：

公开课：引入国内外的学校和教育机构的免费公开课程，以视

频的形式进行播放。优点是公开课程质量比较高,具有吸引力。缺点是公开课的形式比较刻板和内容固定(仅仅是录播的视频),并没有充分利用互联网技术的互动优势。

点播课:与公开课类似,点播课的课程资源主要有两大来源,一是学校或者机构;二是自己录制。点播课的优点是课程的录制更加针对性地考虑了互联网学习的情境;视频时间长、清晰度高;视频学习过程嵌入实时人机交互。总之,点播课学习的形式更加丰富。点播课的缺点是课程资源具有排他性,课程资源往往仅属于某一个网站所有。优质课程的获取不容易,有些需要缴费,而且一个网站往往只有一个专业领域。

直播课:与点播课中师生异步教学不同,直播课需要老师和学生同时在线。老师来源是自己的教师。直播课的优点是师生同步,能够比较真实地模拟课堂学习的环境,做到更高效的师生互动。缺点则是由于同步学习对学生的自律性要求高,在线学习对学生的约束力不强,很难保证学生的完全参与。

总之,智能教学系统为教学提供了多种可能性,通过数据分析、智能备课、智能评教等功能,促成以"学"定"教"、以"导"代"教",因"才"施"教"的教学新模式,为未来教师提供了多元、开放的教学环境与学生培养方案。

未来课堂中的教学环境将更加智能化,如 AR 教学设备、智能机器人等,将切实做到利用信息化工具推动学生之间、师生之间的协同学习与高效互动。

四、教学评价设计

(一)教学评价的含义

教学评价是以教学目标为依据,运用可操作的科学手段,系统收集有关教学的信息资料,并通过定量或者定性方法对教学的过程和结果做出价值判断,以促进学生的自我发展和教学完善。教学评价包括评价学生和评价教学两大方面。

【扫码查看】 教学反思是教师自我评价的方法之一

【素材文件】

（二）教学评价的发展趋势

目前，我国的学校最关注的评价是考试成绩，如期中考试和期末考试成绩。这种评价表现出评价功能失调、评价重心偏离、评价标准机械、评价方法单一和评价对象被动的特点。《基础教育课程改革纲要（试行）》中指出：改变课程评价过分强调甄别与选拔的功能，发挥评价促进学生发展、教师提高和改进教学实践的功能。与传统教学评价相比，文件对评价的要求是评价目标发展化、评价内容综合化、评价主体多元化和评价方式多样化。

（三）教师需要掌握的教学评价方法

教师可采用多种方法进行评价，既可以有课堂观察与提问、交流式谈话等表现性评价，也可以有纸笔测验、问卷调查、考试考核等定量定性评价，还可以有成长记录袋、口语评价与轶事记录等评价方法。评价的作用不仅为了比较，还要致力于诊断、导向、调控、激励功能。教师需要掌握的教学评价方法有问卷调查法、量表法、档案袋评价法、访谈法、观察法、反思笔记法、测验法和作业法。

教学评价的内容总体上包括认知、情感和技能。具体内容包括许多方面：知识方面，如知识掌握情况、知识应用情况；课堂表现方面，如认真思考、课堂发言、学习态度；学习方法方面，如采用的学习方法、思考方式、迁移类推等的情况。

扫码查看　小学教学评价设计的技巧

【素材文件】

第三节　认知学习的学生活动设计

学生活动设计是设计一节课有几项学生活动，每个活动的目的、实现目的的具体过程和亮点。根据义务教育学科相关的课程标准，在课堂教学的有限时间内的学生活动，一定要放在课堂教学的重点、难点上，培养学生的思维能力和实践能力。

一、学生活动设计的基本要求

(一) 依据教学目标

教师要明确必须达到的教学目标及其程度,并据此设计课堂教学中的学生活动。首先,学生活动必须指向教学目标,并且学生活动需具有促进教学目标每一项的实现不断深入和提高的功能。如在科学实验中,教师设计的学生活动不仅要能引导小学生理解科学原理,而且要能使小学生的操作能力得以提高,如提高动作的精准度等。其次,学生活动要能提高教学效果,加深学生对知识的理解。

因此,学生活动应在教学目标的调控下进行。教学设计中要明确学生活动的人员单位、参与方式、实施情境,明确学生活动达到的目标的数量、标准或规格,关键是明确具体行为与教学目标的关系。

(二) 贴近生活实际

教学设计的课堂学生活动要紧密联系学生的学习和生活实际。首先,教师要了解目前小学生在学校各门课程中的活动和其在校外选择的培训活动。教学设计时教师要考虑到很多小学生在校外选择了各种技能培训课程,如思维导图课、机器人课程、爱飞行课程、跆拳道课程和网球课程等。其次,教师还需要了解小学生在家庭中的主要玩具。很多小学生的玩具比学校的教具更前沿、科技含量更高,如乐高等。再次,教师需了解小学生喜欢看的书籍或者关注的知识类型。在此基础上,教师设计的课堂学生活动才能达到使学生学到新知识的目的。结合学生已有活动设计的课堂教学中的学生活动才更有吸引力与意义。

另外,教师要从家庭活动与课堂活动的不同点切入,使学生在活动中感受到提高。家庭中的活动是单独活动、操作性活动,形成的是表面认识。而课堂学生活动是团体活动,系统而深入。所以教师要重视活动后揭示深刻的原理和规律,使学生豁然开朗。

(三) 以"兴趣"为先导

课堂教学中的学生活动应体现趣味性与科学性、理论性与实践性的统一。教师需努力设计新颖、有趣的学生活动。目前学生非课堂活动的特点是同龄人实际互动式活动比较少、虚拟世界的

精加细工

时间线 事件线

活动占比多；家庭中的活动比较丰富、层次比较高；虚拟世界的活动的复杂度比较高、变换速度比较快、活动内容具有冲击性和活动结果出现得及时。因此，课堂教学中的学生活动与学生已有的活动基础相比，简单即深度不足、缓慢即速度不够、认知活性比较低，这对课堂教学中的学生活动设计提出了更高的要求，课堂教学中学生活动的设计要做到新颖很难。所以教师要充分考虑课堂上学生活动的特点，寻找课堂上学生活动独特的兴趣点，如深刻性，即揭示事物内在规律性或者内部变化过程；浓缩性，即生活常见部分不作为活动的重点；层次性，即活动设计内涵丰富、层次更高；启发性，即活动能使学生豁然开朗，有认知提升感。

总之，课堂中的学生活动设计要体现学生未知的内在机制和科学规律，促进学生掌握知识和技能。学生活动设计不仅要科学合理，最好具有一定的艺术性和思想性。

（四）时间安排要适宜

课堂教学中的学生活动设置要适时、适量。活动时间要根据活动对于本节课的教学目标的支撑程度设定。如果活动本身需要比较长的时间，可以将活动分解为两个递进式的活动，效果更佳。教师在两个活动间的指导语或教学安排要精彩。

（五）组织方式要得当

课堂上学生活动的组织方式一般有四种：全班、小组、同伴和个人。组织方式的选择依据是活动的内容和教学目标。有多个答案或者多种方法的内容、比较难的内容，适合小组活动；记忆性的、需要深入思考的和需要创新创造的内容适合个人活动。活动组织方式选择的目的是尽可能地使不同层次的学生都能参与到活动中来。此外，活动的组织还要注意成员之间的合理搭配，以达到互相促进的目的。

（六）评价反馈要及时

学生活动后的环节是非常重要的。活动后的汇报、演示、表扬等都需要教师及时予以指导和引导，这样才能真正实现教学目标。所以活动后的反馈一定要立即进行，及时呈现相关知识，指向教学目标。

在一定程度上体现了学生活动设计基本要求的设计模式见图8-1和图8-2。

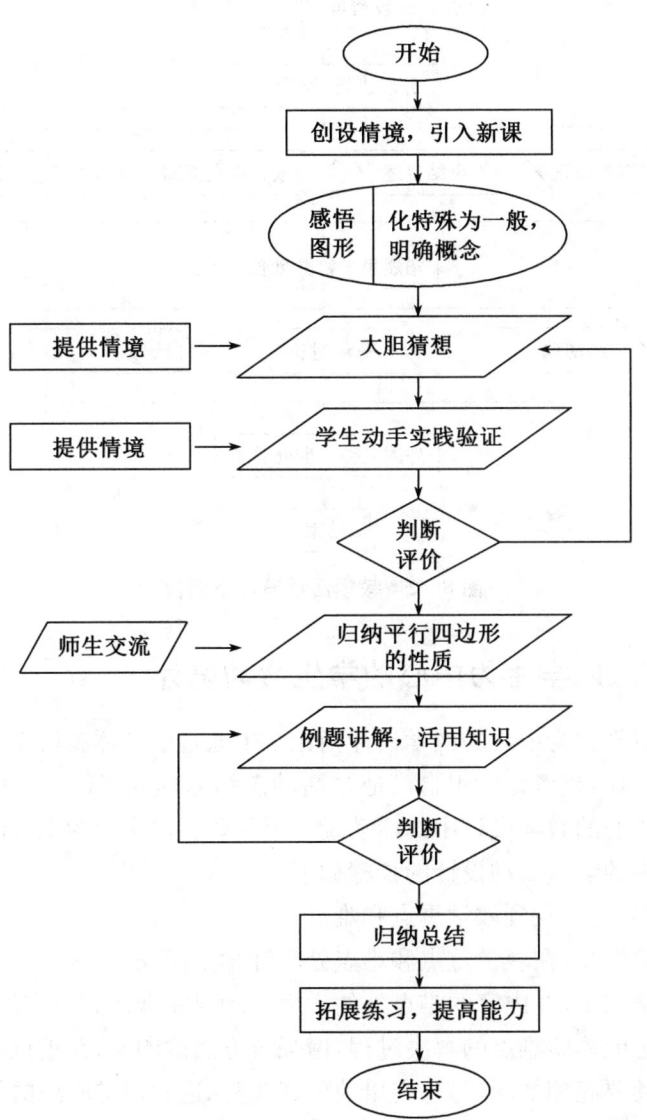

图 8-1 教学活动设计范例(1)

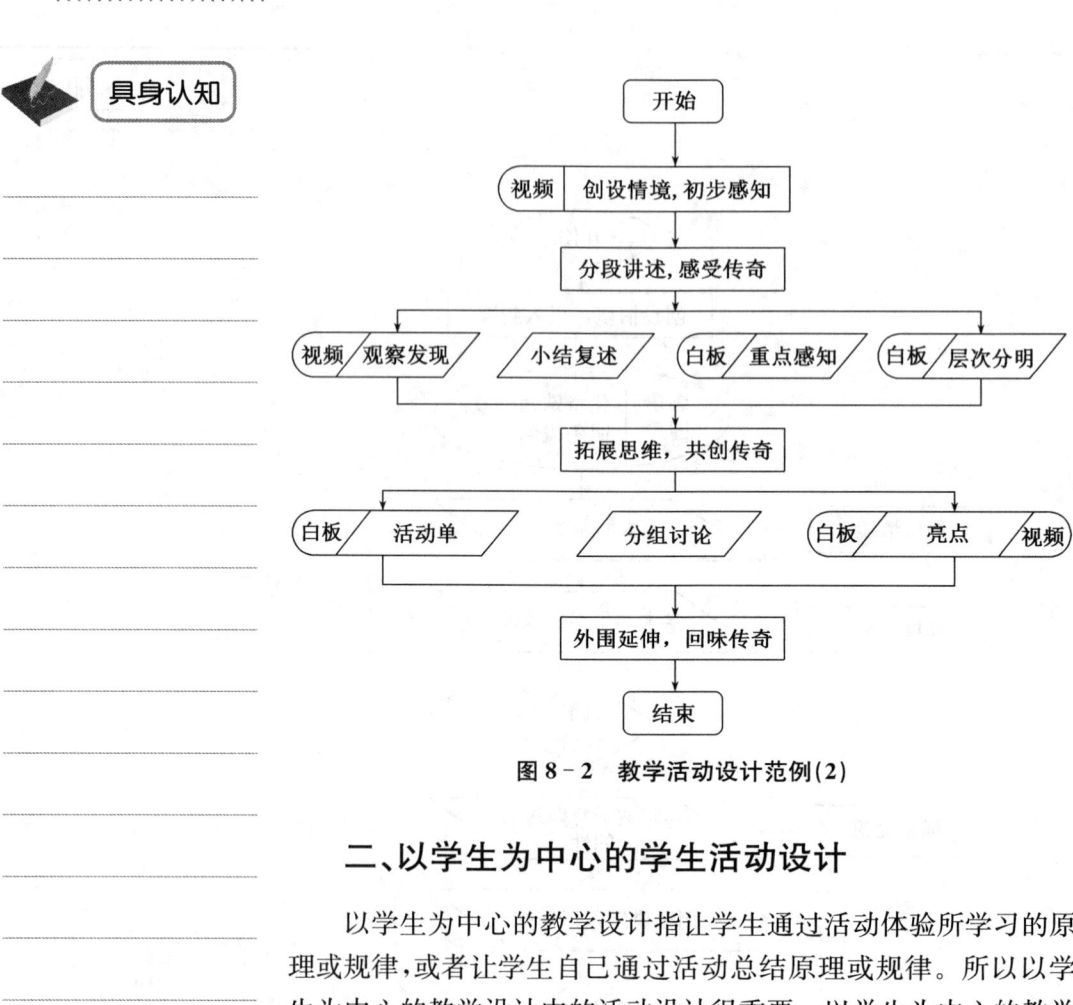

图 8-2 教学活动设计范例(2)

二、以学生为中心的学生活动设计

以学生为中心的教学设计指让学生通过活动体验所学习的原理或规律,或者让学生自己通过活动总结原理或规律。所以以学生为中心的教学设计中的活动设计很重要。以学生为中心的教学设计中的学生活动设计的步骤如下:

第一步,找到教学重点和难点。

第二步,在教学重点和难点处设计学生活动。

第三步,在内容的难点处的学生活动要完全达到应有的难度,让学生能体验难点的解决过程,增强对方法的印象;在重点处的学生活动要起到加深印象、突出地位、掌握深透和促进应用的作用。

第四步,设计"包袱"。学生活动内容设计时要设计"包袱",使学生有出乎意料的收获,或者在程序上峰回路转,或者在结果上意想不到,或者在机制上恍然大悟,或者在思维上灵感顿现。

第五步,设计具体程序。要在头脑中运用表象表征将全过程演绎多次,确认人、物、事的位置和互动流程,理清逻辑性,查找漏洞,控制额外因素。教师要综合全部情境中的因素,设计严谨的活动过程。

第六步,设计关键语言。包括指导语、提示语、"包袱"语、过渡语、总结语和追问语等。指令要精炼,需记忆的或者转化为应用的部分要程序化,追问语和提示语要有趣。

第七步,设计板书。板书要有利于学生掌握活动过程和目的、活动重点和难点,同时体现教学目标。

三、学生活动设计的注意事项

课堂教学中的学生活动设计必须严谨、科学,否则会使学生产生为了活动而活动的虚浮感觉,极大影响教师权威。

(一) 活动目标需求化

每项活动能达到的目标必须明确、具体,而且具体目标必须围绕达成教学目标展开。

活动目标设计时既要考虑自己设置的目标,也要考虑活动本身自带的目标。注意活动中不能有其他的与教学目标无关的目标喧宾夺主。

(二) 目标活动细节化

达到目标的活动要在课前进行细致的推演。推演方法可以采用智力检验法或者实践检验法。推演最重要的是体会活动过程与教学目标的逻辑关系。通过推演检验活动的必要性、程序的科学性和教学目标的达成度。推演的关键是优化步骤、精致过程、避免失误、防止知识的泛化和低参与度。

(三) 活动设计弹性化

活动可以来源于上课前的设计,也可以在教学过程中生成。在课堂教学进行过程中,教师应从学生活动过程中、从学生感兴趣的内容中,发现有价值的活动或者内容,进而对教学过程进行适当调整,及时修改活动或插入活动,以实现教学设计的弹性化。

(四) 指令交代程式化

指令即活动指导语。指令必须清晰、全面、简洁和可操作。最佳的指令是程式化指令,即操作的精炼表述。如果指令表述不清,就会使学生茫然,导致低参与度或者活动与教学目标南辕北辙,活动失败。

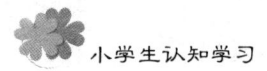

指令主要包含的内容如下：

1. 交代活动的方式

活动的主要形式有独立任务、双人任务或者团队任务。团队任务分为全班活动、半班活动形式。教师必须将活动形式明确告知学生，可在课前通知，也可在课上告知。

2. 交代活动的操作步骤

活动的操作步骤主要指活动的环节，包括每个环节的具体活动形式、活动规则等。交代活动的操作步骤既可以用语言明确，也可以用多媒体持续呈现出来，使学生在活动进程中有据可依。

3. 交代活动的时间

教师在活动前必须规定活动时间，甚至规定整体活动中各个阶段的时间上限，或其他重要的时间节点。要将时间节点板书在黑板上或者呈现在多媒体上，贯穿活动全过程。

4. 交代反馈的要求

反馈要求即活动中学生需要做什么，活动结束后学生要提交什么，以什么形式提交，如代表口头报告、书面报告、表演、演示或角色扮演等。

5. 安排对指令的反馈

指令发布后，要询问学生是否明白了指令，甚至可以让组长复述或者用自己的话解释指令。确认学生理解了指令，以保证活动按设计进行。

6. 切忌华而不实

活动的目的是使学生理解复杂的知识，或者形成技能，或者加深对问题理解的深度。为了课堂上有活动而设置活动；活动与课程内容相关不高；活动设置在非主要内容上；简单的陈述即能传授的知识却花费时间做活动等，都是华而不实的表现。

本章小结

本章首先介绍了认知学习的教学设计的总体内容，然后侧重阐述小学教学的目标设计、策略设计、媒体设计和评价设计，最后阐述了认知学习的教学活动设计，并附加了以学生为中心的学生活动设计。在各部分内容中，实际操作练习是掌握本章内容的关键。教师对课堂教学行为的精心筹划，能够切实提高课堂教学的效果和效率。

思考与练习

1. 什么是教学设计,教学设计的要素有哪些?
2. 教学设计的理念是什么?
3. 在充分理解教学设计要求的基础上,根据自己的特点,形成一篇有个人特色的教学设计。
4. 设计出十篇小学语文(数学)的教学目标,并能预测学生通过学习能达到的水平。
5. 列举小学数学评价设计的技巧。

第九章　影响小学生认知学习的心理因素

扫码查看
本章资源

知识图式

- 影响小学生认知学习的心理因素
  - 学习动机
    - 学习动机概述
      - 学习动机的含义
      - 学习动机的结构
    - 学习动机的类型
      - 内部学习动机和外部学习动机
      - 高尚的学习动机和低级的学习动机
      - 近景直接学习动机和远景间接学习动机
      - 主导性学习动机(主要)和辅助性学习动机(次要)
      - 认知内驱力、自我提高内驱力和附属内驱力
    - 学习动机与学习效果、学习效率的关系
    - 学习动机的理论
      - 强化理论
      - 需要层次理论
      - 成就动机理论
      - 成败归因理论
      - 自我效能感理论
      - 成就目标理论
    - 小学生学习动机的培养与激发
      - 小学生学习动机的培养
      - 小学生学习动机的激发
  - 自尊
    - 自尊的含义
    - 自尊的结构
      - 能力因素
      - 价值因素
      - 能力因素和价值因素的整合
    - 自尊的两因素理论
    - 自尊的类型
      - 以能力和价值为区分依据的自尊类型
      - 加入水平后的自尊类型
    - 小学生自尊的培养
  - 态度和品德
    - 态度
      - 态度的实质
      - 态度的结构
    - 品德
      - 品德的含义
      - 品德的特征
      - 品德的心理结构
      - 品德与道德的关系
      - 品德发展的阶段理论
      - 小学生品德发展的基本特征
      - 小学生品德的形成过程
      - 小学生品德的培养方式
  - 认知风格、人格和行为习惯
    - 认知风格
      - 认知风格的含义
      - 认知风格的差异
      - 小学生认知风格的培养
    - 小学生的人格
      - 小学生的气质与教育
      - 小学生良好性格的培养
      - 调动自我调控系统的作用
    - 行为习惯

本章导学

学习动机是教育心理学的重点部分,内容包括学习动机的概念、类型、作用和结构等,虽然在本书中只作为影响小学生认知学习的一个因素讲解,但是仍然需要认真学习、重点掌握。自尊心理很复杂,研究成果非常丰富,本章只纳入了关于自尊的基础内容。

本章介绍的其他心理因素包括态度与品德、认知风格、人格和行为习惯。本章内容密切联系小学课程和小学实际,注重时代性。师范生应联系实际、努力思考,才能取得良好的学习效果。

学习目标

1. 能准确陈述学习动机的概念、结构和类型。
2. 重视奥苏伯尔的学校情境中的学习动机,能举例说明小学生的这三种学习动机。
3. 能举出三个运用本章的理念和规律讲授小学课程的实例。
4. 结合自己的成长经历,论述学习动机的培养与激发。
5. 结合教学实际,谈谈如何增强小学生学习本学科课程的自我效能感。
6. 能规范理解自尊的含义、类型及其特征。
7. 结合自己的气质类型,谈谈自己的心理特点,以及长善救失的方法。
8. 确定自己的认知风格,自省其优势和劣势。

第一节 学习动机

学习动机是影响认知学习的重要因素,是持续的学习动力。学习动机的培养和激发是教师和家长应致力的工作。

一、学习动机概述

(一)学习动机的含义

学习动机是指激发个体进行学习活动,维持已引起的学习活动,并使行为朝向一定学习目标的一种心理倾向或内部动力。

(二)学习动机的结构

学习动机最基本的结构包括学习需要与学习期待。

学习需要是指学习时间、知识的量和深度或解决问题的能力等不能满足个体的主观需要而产生的态度体验,包括求知欲、缺憾感、焦虑感等。

学习期待是指学习者对自己学习后能达到的知识目标、技能目标、成绩目标或者人际目标的预期。它所指向的具体目标多种多样,如成绩、教师的态度、朋辈中的地位、名誉、自信、心理平衡等。

学习动机的结构中还有两个重要的成分是内驱力和诱因。

内驱力是个体需要不能得到满足时内部产生的能量和冲动,学习内驱力是个体的学习需要不能得到满足时产生的原动力,是激发个体产生学习行为的根本力量。传统上把内驱力分为两大类,一类是生理内驱力,如饥饿、睡眠、性等内驱力;另一类是社会内驱力,如获得归属感、赢得他人尊重等内驱力。现在人们发现还有心理内驱力,如心理平衡、心理加工信息的适量性等内驱力。内驱力是根本的学习需要。

诱因指能够激起有机体的定向行为、满足其需要的外部刺激或情境。诱因按其性质分为正诱因和负诱因。正诱因是能使个体产生积极行为的刺激物,即促使个体趋向或接近某一目标的刺激物,也称为积极诱因。如教师对学生的表扬、鼓励和奖励,学生个体在同伴群体中的核心地位、骄傲感和自信感等。正诱因能够促进学生的学习。负诱因是使个体离开或回避某一目标的刺激物,也称为消极诱因。如学习压力、频繁的成绩评定、频繁的考试和教师的批评等。负诱因能抑制学生的不恰当行为,但是也会使学生失去学习的兴趣。

小学生的学习动机常常是由内驱力和诱因相互作用决定。

【扫码查看】 4~6年级小学生学习动机的结构分析

【在线案例】

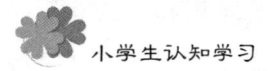

二、学习动机的类型

(一) 内部学习动机和外部学习动机

根据学习动机产生的动力来源,可以把学习动机分为内部学习动机和外部学习动机。

内部学习动机指由个体的内在需要引起的动机,即学习的动力源于学习活动或学习者自身,无需外力即能学习。学习需要、求知欲、好奇心、学习兴趣和学习信念等都是内部学习动机,内部学习动机因学习活动本身即能得到满足,不依赖外部强化。

外部学习动机指由学习活动以外的因素引发的学习动力。如表扬、奖励、物质、名誉、地位、避免惩罚、人际交往(取悦老师、交到朋友)等。

专栏 9-1

外部学习动机使用不当会降低内部学习动机

一个对知识本身感兴趣、乐于钻研的小学生,是有内部学习动机的学生。一个因学会了知识、做对了一道题即开心的小学生,也是有内部学习动机的学生。另外,小学生喜欢形象、具体、生动的感官知识,这类知识符合小学生的需要和兴趣,依靠内部学习动机即能学习。

内部学习动机表现在小学生具有独立的主体意识、明确的目标和积极的态度。能够在教师的启发、指导下独立地感知学习,主动把书本上的知识变成自己的知识,并应用于实践当中。内部学习动机促进小学生把自己看作受教育的对象、对学习活动进行自我支配和调控,充分发挥潜力,主动地去认识、学习和接受教育。积极向教师质疑、请教,以达到自己所预期的目标。

对于一名有内部学习动机的小学生,如果家长用给他买玩具或者衣物来奖励他,可能使他对学习活动本身和知识本身的兴趣,转变为对学习后得到的玩具和衣物的兴趣,从而导致内部学习动机受到外部学习动机的影响。

(二) 高尚的学习动机和低级的学习动机

根据学习动机的社会意义,可以把学习动机分为高尚的学习动机和低级的学习动机。

高尚的学习动机指因利他主义、为社会多作贡献而产生的学习动力；低级的学习动机指为个人名利而学习。

（三）近景直接学习动机和远景间接学习动机

根据学习动机起作用时间的长短，可以把学习动机分为近景直接学习动机和远景间接学习动机。

近景的直接性学习动机是指向活动的直接结果的动机，具有具体、不稳定、易变的特点。远景的间接性学习动机指与学习的社会意义和个人前途相联系的学习动机，具有稳定、持久的特点。

（四）主导性学习动机（主要）和辅助性学习动机（次要）

根据学习动机在活动中作用的大小，可以把学习动机分为主导性学习动机（主要）和辅助性学习动机（次要）。

同一时间，学生的学习动机是多元的，这些多元动机的作用地位不同，其中地位重要、作用更大的是主导性学习动机，其他的是辅助性学习动机。

（五）认知内驱力、自我提高内驱力和附属内驱力

根据学校情境中的学业成就动机，奥苏伯尔等人将学习动机分为认知内驱力、自我提高内驱力和附属内驱力。

认知内驱力是内部动机，自我提高内驱力和附属内驱力是外部动机。

认知内驱力是要求了解、理解和掌握的需要，如对知识和技能的渴望，以及对问题答案的好奇、兴趣、爱好和求知欲。这种内驱力指向学习活动本身。主体从学习活动本身即能得到强化。认知内驱力是认知学习中最重要和最稳定的动机。

自我提高内驱力是指个体希望因自己的学业成就而获得相应的地位和威望的学习动机。这种动机的本质是成就需要。成就需要是赢得地位与自尊的根源。小学阶段随着年级逐渐升高，自我提高内驱力越来越重要，成为学习动机的主要组成部分。自我提高内驱力指向于学习的结果，属于外部动机。努力学习获得成功或尽量避免失败是自我提高内驱力的外在表现。

附属内驱力是学生期待重要他人如家长、教师的表扬和奖励的学习动机。属于外部动机。在小学阶段，附属内驱力起的作用很大，小学年级越低附属内驱力起的作用越大。

三、学习动机与学习效果、学习效率的关系

(一) 学习动机与学习效果的关系

学习动机可以促进学习,学习动机与学习效果之间的关系通常是一致的。但学习动机只是影响学习效果的因素之一。知识基础、智力水平、学习技能和方法等都会影响学习效果。因此,学习动机与学习效果之间的关系并不总是一致。

(二) 学习动机、学习行为和学习效果的关系

根据表9-1,正向一致和正向不一致会提高学习效果,而负向一致和负向不一致会降低学习效果。因此,学习动机是影响学习行为、提高学习效果的一个重要因素,但不是唯一条件。

表9-1　学习动机、学习行为和学习效果的关系

	正向一致	负向一致	正向不一致	负向不一致
学习动机	强	弱	弱	强
学习行为	强	弱	强	弱
学习效果	强	弱	强	弱

(三) 学习动机与学习效率的关系

1. 动机不足或过分强烈都会影响学习效率

动机强度与工作效率之间的关系不是线性关系,而是倒U型曲线关系。

在一定的范围内,动机越强,解决问题的效率越高;超过这一范围,动机过强时,解决问题的效率反而降低。表现为"急于求成、欲速则不达""考试怯场"。总之,在中等强度动机的影响下,学生解决问题的效率最高。

学习动机与学习效率关系见图9-1,由此我们可以类推出情绪(焦虑)与效率的关系图(见图9-2)和压力与效率的关系图(见图9-3)。

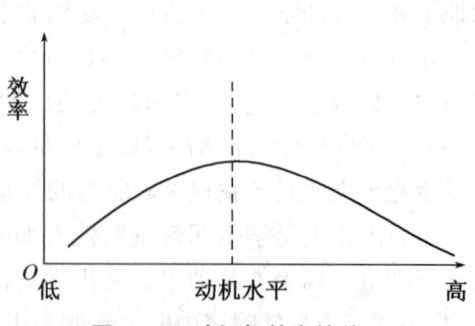

图9-1　动机与效率的关系

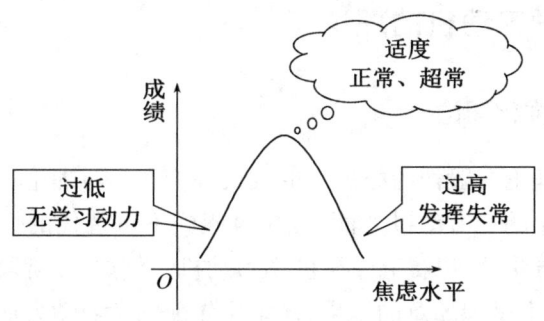

图 9-2 焦虑与效率的关系

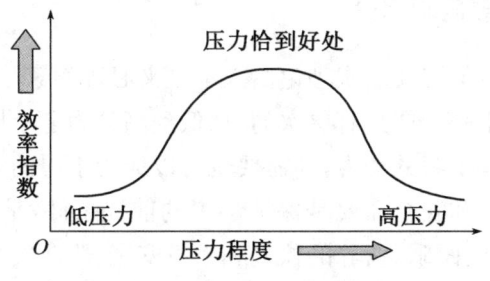

图 9-3 压力与效率的关系

2. 耶克斯-多德森定律的研究结果

（1）中等强度的动机，解决问题的效率最高。

（2）各种活动都存在一个最佳的动机水平。动机不足或过分强烈，都会使工作效率下降。

（3）动机的最佳水平随任务性质的不同而不同。在比较容易的任务中，工作效率随动机的提高而上升；随着任务难度的增加，动机的最佳水平有下降的趋势。所以最佳动机水平因任务的难度不同而不同。

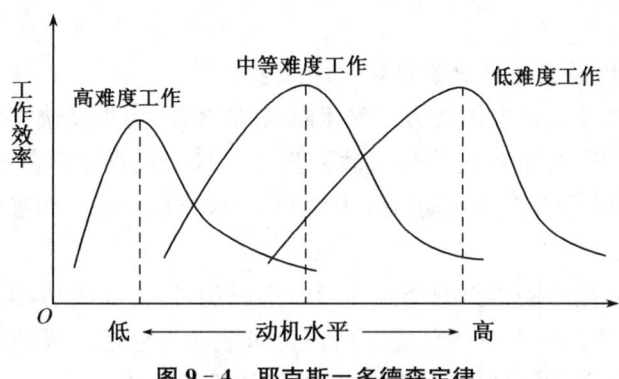

图 9-4 耶克斯—多德森定律

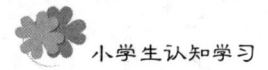

四、学习动机的理论

(一) 强化理论

强化理论一般作为心理学的发展理论和学习理论。但在激发和培养学生的学习动机方面,强化也起到不可替代的作用。即采用强化的方法,可以提高学生的学习动机。例如,在阶段性学习结束后,给学生呈现满意的结果,使学生先前的学习动力加强。斯金纳的程序教学和教学机器,就是通过强化维持学习动机。

(二) 需要层次理论

学习动机的需要层次理论由人本主义心理学家马斯洛提出。马斯洛主张需要是有层次的,从低到高分为七个层次,这七种需要也是个体学习的动力,即需要也可以成为学习的动机。

生理需要和安全需要是保证学习的前提条件,是学习的基本动力,如充足的睡眠、营养的饮食和人身安全、职业安全等;归属与爱的需要,如想拥有良好的人际关系(取悦老师、交到朋友),而产生学习动力;尊重的需要,如自尊和他尊的需要,也可使个体是个体主观能动性的根基,所以也是学习的重要动力;求知的需要是学习的内部动机;审美的需要,是求真、求善、求美的学习动机;自我实现的需要是最重要的学习动机,起到持久和强化学习的作用。

(三) 成就动机理论

1. 麦克利兰最早提出了成就动机理论

麦克利兰提出人有三种需要,也是学习动机。成就需要指希望将事务做到最好的需要;权利需要指影响控制他人和环境的需要,很少受他人控制的需要;亲和需要指建立友好、亲密关系的需要。

2. 阿特金森提出了期望—价值理论

成就动机指个体努力克服障碍,施展才能,力求又快又好地解决某一问题的愿望或趋势。动机强度 = f(动机水平 × 期望 × 诱因)。阿特金森把成就动机分为两类:力求成功的动机和避免失败的动机。

力求成功动机强的个体称为力求成功者,力求成功者力求获得真正的成功,获得成就感。所以力求成功者会选择成功概率为 50% 的任务,通过努力完成任务,才能体验到成功。

避免失败动机强的个体称为避免失败者,其没有自信成功,为避免自尊心受伤害而产生心理烦恼,只希望不要失败。其倾向于选择非常容易或非常困难的任务,非常容易的任务肯定不会失败,非常难的任务有很多人会失败,失败了也不伤自尊。

3. 学习动机的成就动机理论给教师的启示

（1）教师每节课设置题的难度为中等难度,学生努力即能达到。

（2）教师要了解学生,把握学生的动机类型,并从有利于自信和选择适当行为的角度引导学生。

（3）教师应设置适当的评分标准,使学生感到取得好成绩是可能的,但不是轻而易举的。

（4）教师应注意动机中的认知成分和情感成分。

（四）成败归因理论

1. 学习动机的成败归因理论

归因是人们对自己或他人的活动及其结果的原因所作的解释和评价。美国心理学家海德最早对人们的归因心理倾向提出了自己的观点,提出了内部归因和外部归因。美国心理学家罗特提出,根据归因的控制点,个体的归因可分为内控和外控两种类型。美国心理学家韦纳对个体的归因进行了系统研究。

如表9-2所示,韦纳将六种因素（能力、努力、工作难度、运气、身心状况、其他）按性质归入三个维度（稳定性、来源、可控性）。

表9-2 韦纳成败归因理论中六因素三维度的关系

因素	稳定性		来源		可控性		备注
	稳定	不稳定	内部	外部	可控	不可控	
能力	✓		✓			✓	
努力		✓	✓		✓		最好
工作难度	✓			✓		✓	
运气		✓		✓		✓	
身心状况		✓	✓			✓	
其他		✓		✓		✓	

2. 学习动机的成败归因理论对教育教学的意义

学生的自我归因很重要，因为归因影响着此后的行为选择，并影响其行为模式。错误的自我归因不利于学生的成长。

教师要利用反馈的作用，引导、帮助学生形成正确的归因。无论成功与失败，归因于努力都是好的。失败归因于努力不足，督促其更加努力；成功归因于努力，使其继续努力。

（五）自我效能感理论

学习动机的自我效能感理论由班杜拉提出，自我效能感是指人对自己能否成功从事某一成就行为的主观判断。班杜拉提出强化能够提高自我效能感。

1. 自我效能感的功能

自我效能感的功能能影响学习活动的选择、努力程度和坚持性、对困难任务的态度、学习时的情绪和能否完成任务等。

2. 影响自我效能感的因素

影响自我效能感的因素有成败经验、替代经验、言语劝说、情绪唤醒、能力。其中个体自身行为的成败经验是最重要的影响因素，其次是能力。

3. 自我效能感理论的教学应用

（1）多元评价，使学生都体验到成功，提高自我效能感。

（2）指导学生正确归因，保护、提高自我效能感。

（3）提供成功的榜样，提高自我效能感。

（4）通过语言的引导和情绪的激发来增强自我效能感。

在提高学生的自我效能感方面，既要重视欲望和情感，也要重视认知和行为，把学生的需要、认知和情感整合起来，增强学生的自我效能感。

（六）成就目标理论

美国心理学家德韦克综合以前的成就动机理论，提出了动机的成就目标理论，体现在其提出的两种能力观和两种学习目标观上。其理论的模式为：

能力实体观——成绩目标——他人标准——自我卷入型

能力增长观——掌握目标——任务标准——任务卷入型

五、小学生学习动机的培养与激发

(一) 小学生学习动机的培养

1. 保护小学生初始的学习动机

个体天生就有学习的需要,这种需要是学生学习积极性的源泉。小学生进入学校之前,就对学习有渴望,教师要注意保护好这种原始的学习动机。

小学生需要游戏、快乐,也需要知识、灵感和智慧。教师要把书本的内容和小学生的根本需要结合起来;把强化和训练与游戏和快乐结合起来,使外界的要求与内在的需要协同,促进小学生学习动机的形成。《5的乘法口诀》的教学(见专栏9-2)是个很好的教学范例,其充分利用优势,把难点分散在游戏中,把知识形成的全过程在学生的实践中完成。

专栏9-2

满足小学生的需要,促进学习动机的产生

某教师:《5的乘法口诀》

在讲授《5的乘法口诀》时,教师让学生先画画自己的小手,然后将作品展示出来,再让学生观察图片,从中获取数学信息,提出数学问题。在引导学生编写口诀时,采用"扶、放"结合的方式,先领着学生共同编前两句,然后由学生自己编出其余的三句。学生在编写时既锻炼了思考能力,也体验到了成功的乐趣。最后在记忆口诀时,依然采用游戏的方式,如对口诀、快速抢答等,提高学生参与的热情,在玩中巩固新知,加深对新知的理解。

总之,在全部探究过程中,教师没有过多的渲染,学习气氛是轻松愉快、和谐融洽的;教师激起了学生情感上的共鸣,使学生拥有快乐的学习体验。

2. 重视励志教育和榜样的作用

励志教育能激励小学生奋发图强,建立努力学习的意志自觉。对于小学生,说理教育法也起着很重要的作用。教师可以用语言鼓励小学生,培养小学生的学习动机。

榜样示范法也是培养学习动机的最佳渠道之一。教师呈现数学家、文学家、诗人和词人钻研的励志故事,小学生通过"观察学

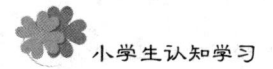

习"获得学习动机,并在语文或者数学等学科的学习中,学习动机得以保持、强化。

3. 帮助小学生确立正确的标准,调节自我效能感

在多次挫败后,小学生的自我效能感会降低,甚至会给自己的能力做永久的低定位。所以要引导小学生树立尽力而为的观念,为小学生树立"挫折—努力—成功"的榜样等。

> 扫码查看 **帮助学生树立"挫折—努力—成功"的榜样**

【在线案例】

4. 培养小学生"努力导致成功"的归因观

无论成功与失败,做努力归因都有利于继续努力,所以教师要引导小学生正确归因。对于长期努力却无法提高成绩的学生,要让其在其他方面体验到成功,促进学习动机的提高。

(二) 小学生学习动机的激发

1. 利用情境,引起兴趣

创设问题情境,激发兴趣,维持好奇心,在情境中实施启发式教学。如在数学教学中,好奇心是学习数学的主要内部学习动机之一,对数字游戏的好奇促使学生积极地动口、动手、动脑学习数学。

教师要积极地把游戏、歌曲、动画等小学生喜欢的形式运用到数学课堂教学中,采用课堂与游戏结合、课上与课下结合、学校和家庭结合的方式促进学生学习数学兴趣的提高,激发学生学习数学的学习动机。丰富的网络资源可以用于支持该类教学设计,教师的精力投入也很重要。

> 扫码查看 **在情境中实施启发式教学**

【在线案例】

兴趣、爱好是小学生学习小学语文最重要的学习动机。若小学生对语文学习有浓厚的兴趣,就能以主动积极的态度去学习语文;如果不只是感兴趣,而是热衷、沉浸在语言的艺术和美好中,则会自动地去接触语文,甚至在生活中愿意品味和运用学过的语句。这样的小学生在课堂上,也能集中注意力,在遇到困难时也会有较

强的意志力,由"要我学习"变为"我要学习"。

教师要将语文课程讲出艺术性、美感和人文情怀。讲出诗人的励志、古诗的意境和语言的美妙,使学生感受到汉语的魅力和诗人的才情,促进"我喜欢语言"的内部学习动机的形成。

扫码查看　浅谈小学生语文学习动机的培养和激发

【素材文件】

2. 设置合适的目标,控制作业难度

维果斯基的文化历史理论指出,作业难度应该在最近发展区内。教师设置每节课的难度目标要适宜,并要向学生说明目标的难度。但对于有些学生,稍难的目标可能激发其学习动机。除此之外,教师也要引导学生设置适度的成绩目标和比较目标。

3. 表达明确的期望,提供及时反馈

学生做、教师反馈是最常规的教学形式。所以反馈必须科学,如反馈必须明确、具体,并紧随学习结果。反馈既要重视对错也要重视能力、思维的培养,还要重视对学习积极性的激发和自尊的维护。

许多学生和教师都反映,目前比较突出的问题是教师不能及时发放测验、及时反馈和及时讲解。所以,小学教师要创造条件、解决困难,做到及时反馈、及时讲解和及时解决个别学生遇到的问题。

4. 开发新的奖励和表扬方式

现在小学生家庭的物质条件普遍较好、家长对孩子的关注比较多、教育资源丰富,简单的口头表扬和物质奖励在低年级时作用尚可,但是到了高年级,这类表扬已经没有诱惑力。所以教师要开发新的奖励和表扬方式,激发小学生的学习动机。

5. 对学生进行竞争教育,适当开展学习竞争

科学的竞争方式是:① 提倡公平竞争;② 进行多指标竞争;③ 提倡团体竞争;④ 个人自我竞争和团体自我竞争结合;⑤ 按学生能力进行等级竞争。

扫码查看　小学生学习动机辅导的重要任务是促使小学生学习动机的形成和转化

【在线案例】

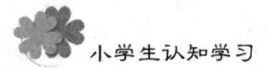

第二节　自尊

自尊既是影响小学生学习动机的重要因素,也是小学生心理健康发展非常关键的因素。随着社会的变迁,小学生的自尊状况发生了变化,自尊心理对小学生的影响越来越大。

一、自尊的含义

自尊也称自尊心或自尊感,是个体通过社会比较形成的对自己的社会角色和地位进行的自我评价和情感体验。

美国机能主义心理学先驱威廉·詹姆斯的理论认为,自尊取决于成功与渴望成功的比例关系。成功是个体是否有能力的外在标志,是个体现实自我的一种表现形式;渴望成功是个体有没有成功愿望的内在标志,是个体理想自我的一种内在需要。美国社会心理学家莫里斯·罗森博格的理论指出,自尊是个体朝向某一客体的积极或消极的态度。

二、自尊的结构

自尊的结构包括能力与价值两个因素。

(一) 能力因素

个体要获得自尊,就必须能够将理想自我转变为现实自我。实现这种转变的决定因素是能力,自尊是在渴望成功的基础之上能力发挥作用的结果。

(二) 价值因素

高自尊的人具有"相当好"和"很重要"或"受尊重"的感觉,当个体根据自己的价值取向判断是非、遵守规则、调整行为时,就会获得社会承认和他人认可,产生自尊。

(三) 能力因素与价值因素的整合

自尊是由能力与价值两个因素构成的,从自尊的整体性出发,自尊能力维度是人的实际解决问题的能力,而价值维度是人在特定文化背景下产生的价值意识与评价,具有很强的社会性。自尊是人要有能力生存和有意义或有价值生存的具体表现。

三、自尊的两因素理论

在西方近百年的自尊研究历史上,自尊的两因素理论作为自尊的基础理论为自尊心理学的产生与发展起到了奠基作用。

自尊的两因素理论指出,自尊是人生存需要与价值需要有机结合的具体体现。生存需要要求人必须有能力应对生活中的各种挑战,即表现为能力;价值需要要求人的能力的发挥必须符合社会价值标准,即表现为价值。能力使人产生自信心,即自信;价值使人产生自己是重要的、有意义的或受尊重的感觉,即自尊。

美国心理学家默克在总结前人研究的基础上提出了"自尊两因素矩形模型"(见图9-5),模型中,能力作为横轴是因为横轴能清楚地反映人的行为能力,作为人的行为的结果亦能被观察到;价值作为竖轴,是因为价值对人来说既是社会的又是主观的。以中点(0)为界,能力可分为强(+10表示)和弱(-10表示);价值可分为高(+10表示)和低(-10表示)。

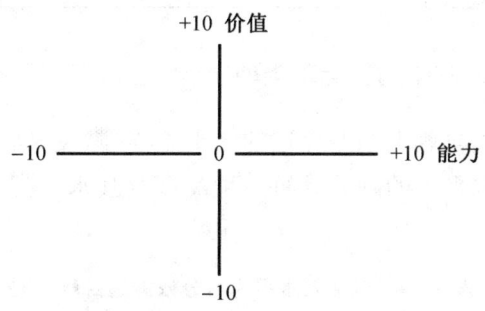

图9-5 自尊两因素矩形模型

四、自尊的类型

(一)以能力和价值为区分依据的自尊类型

默克通过将自尊的两个因素(能力、价值)与经由临床实践获得的结论相整合,将自尊划分为四种类型(见表9-3)。

1. 高自尊或安全自尊

高自尊或安全自尊属于拥有强能力与高自我价值感的自尊类型。这类个体常表现为乐观、自信。这种自尊具有提高个体能力与自我价值感的开放性。

2. 以价值为基础的自尊

以价值为基础的自尊属于拥有弱能力与高自我价值感的自尊类型。这类个体,通常拥有较强烈的自我实现的愿望,但其较弱的能力导致个体在自我实现的结果上不稳定。

3. 以能力为基础的自尊

以能力为基础的自尊属于拥有强能力与低自我价值感的自尊类型。这类个体拥有很高的动机水平,努力工作,有较高的任务导向。但又有较低的自我价值感,导致个体在努力工作的过程中,无法承受失败的结果,因此个体在任务完成的过程中具有不稳定性。

4. 低自尊

低自尊属于拥有弱能力与低自我价值感的自尊类型。低自尊个体应对生活压力能力差,常出现各种心理问题。

表 9-3 以能力和价值为区分依据的自尊类型

	弱能力	强能力
高自我价值感	以价值为基础的自尊	高自尊或安全自尊
低自我价值感	低自尊	以能力为基础的自尊

(二) 加入水平后的自尊类型

结合不同自尊类型上存在的水平差异,默克又将不同的自尊类型进行了水平上的划分。每一种类型及其水平都有其特点(见表 9-4)。

表 9-4 以加入水平为区分依据的自尊类型

自尊类型	低水平	高水平
高自尊或安全自尊	中间型自尊	真自尊
以价值为基础的自尊	寻求认可	自恋
以能力为基础的自尊	寻求成功	反社会自尊
低自尊	消极低自尊	典型低自尊

1. 低自尊

低自尊类型的特点:缺乏胜任感与价值感,应对生活挑战的能力差,常常出现冲突、回避、不安全、焦虑、压抑等心理问题。

低自尊水平的特点:① 消极低自尊:体验不到幸福感,生活方式与生活态度不健康,采取回避应对策略;② 典型低自尊:胜任感与价值感都缺乏,易受伤害,并导致抑郁、焦虑、退避等行为。

2. 高自尊或安全自尊

高自尊或安全自尊类型的特点：自尊具有开发性，乐观而灵活，不采用防御机制。

高自尊水平的特点：① 中间型自尊：能力与价值感稳定，生活态度平衡且富有兴趣，是多数人所处的水平；② 真自尊：并非指绝对的、完美无缺的自尊。能力与价值感真实，生活态度积极向上，内在价值无突出。

3. 以价值为基础的自尊

以价值为基础的自尊类型的特点：能力与价值不稳定，能力低，但对自我实现有高的愿望。

以价值为基础的自尊在水平上的特点：① 寻求认可：对他人与社会评价重视，对批评敏感，拒绝他人意见；② 自恋：不顾自己的能力水平，夸大价值感，对批评敏感，对伤害具有防御行为。

4. 以能力为基础的自尊

以能力为基础的自尊的类型的特点：能力与价值不稳定，能力强而价值感低，高动机，努力工作，表现出任务取向。

以能力为基础的自尊在水平上的特点：① 寻求成功：努力获得成功与成就，对失败产生焦虑；② 反社会自尊：夸大成功或权力的需要，受伤害后产生攻击行为。

五、小学生自尊的培养

自尊是个人对自己的社会评价结果的反应。生活在班集体中的小学生，同样希望自己在班级中、同学间具有比较高的地位。当小学生对这一地位高低的评价满足了其个人的需要时，便产生肯定的自尊感，这种自尊感使小学生产生积极的情感体验（如自信），并促使该小学生产生积极向上的行为；相反，当小学生对这一地位高低的评价不能满足其个人的需要时，便产生否定的自尊感。缺乏自尊的小学生往往自暴自弃，或者产生自卑心理，表现出怯懦、畏缩。

教师要注意保护和培养小学生的自尊。在小学阶段，有自尊心强的儿童，也有短期自卑或者长期自卑的儿童，都需要教师采用不同的方法引导和教育。教师要做到热爱、尊重与严格要求相结合；正确地评价小学生，并且帮助小学生正确地自我评价；让小学生觉得自己很重要，自己珍重自己；教师一定要避免伤害小学生自尊的行为和言语；让小学生知道每个人都有自己之所长和每个人都很重要；鼓励小学生发扬优点；改正缺点直接说明的做法。

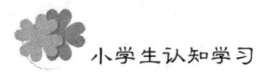

第三节 态度和品德

态度和品德对认知学习的影响深远。教师应加强对小学生的正确态度和良好品德的培养。

一、态度

(一) 态度的实质

态度是后天形成的个体对自己和对事物有倾向性的心理状态和行为倾向。

1. 态度是一种心理上的内部准备状态

态度是主观的,态度不是行为,只是行为的心理倾向。所以态度可以与行为一致,也可以不一致。态度与行为不一致也是个体社会性的表现之一。

小学生的态度也具有内隐性,所以教师在评价学生的学习态度时要慎重,一定要准确、客观,不能用行为和结果代表态度,不要使学生感受到困惑和委屈。

2. 态度体现在倾向性上

态度本质上具有倾向性,如热情和冷漠、积极和消极、认真和马虎、接近和疏离、接纳和拒绝等,可见态度具有对立倾向。因为这种对立的倾向,态度才有社会评价意义。

小学教师评价学生的常用角度是学习态度,教师切忌将认知能力低和学习外显成绩差均归因于学习态度不端正、学习不努力,否则会导致小学生的自我调控系统混乱。对于学习成绩差的学生,从态度好的角度予以表扬和奖励,更能进一步改善其学习态度,保持其自信心。

3. 态度与学习和教育密切相关

态度是后天形成的,所以与学习和教育密切相关。培养正确的对学习的态度、对他人的态度、对集体的态度、对自己的态度也是学校教育的责任。

（二）态度的结构

1. 认知成分

态度的认知成分是态度中带有评价意义的观念和信念。

2. 情感成分

态度的核心成分是情感部分。情感成分决定态度的倾向性。情感成分是情境是否符合其观念和信念而产生的体验和感受。

3. 行为成分

行为成分是指行为倾向，指准备对某对象做出反应的意向或意图。

态度的三个成分在小学中的应用，主要表现为防止过分重视认知成分、忽视情感成分和防止知行脱节。

二、品德

（一）品德的含义

品德又称道德品质，是个体依据一定的社会道德准则规范行动时，所表现出的稳定的心理倾向和特征。

（二）品德的特征

1. 以某种道德认识或道德观念为基础

道德观念和道德认识是个体品德的基础成分，也是重要成分，因为观念和认识决定了情感、意志和行为。

2. 品德与道德行为密切联系

品德作为心理现象与道德行为密不可分，表现在个体行为上的特征才能确定是个体具有的品德。所以，不能单纯用个体内心的品德状态界定一个人的品德，而要根据其道德行为判定个体的道德品质。

3. 品德是稳定的倾向和特征

在个体身心中一贯表现出的心理特征是个体的品德，偶然的表现不作为个体道德品质的特征。个体的品德是根据其具体行为抽象后形成的，具有概括性的特征。

（三）品德的心理结构

品德的四种基本心理成分包括道德认知、道德情感、道德意志和道德行为（简称知、情、意、行）。

1. 道德认知

道德认知是指对行为规范及其意义的认识,通俗上指道德常识。道德认知是品德的核心,是品德的基础,是道德情感、道德意志产生的依据,对道德行为具有定向意义,是道德行为的调节机制。所以道德认知是道德的根本,道德认知形成中养成教育起重要作用。

2. 道德情感

道德情感是情境的道德元素是否能满足个体的道德需要与是否符合个体的道德认知而引起的体验和感受。如诚实感、内疚感、骄傲感、高尚感等情感体验。

道德情感的表现形式有直觉的道德情感、想象的道德情感和伦理的道德情感。

3. 道德意志

道德意志是克服困难、实现道德行为和满足道德情感的意志力,是实现道德目标的心理动力。

4. 道德行为

道德行为是品德形成的最终环节,是衡量道德品质的重要标志。它是个体在一定的道德认知支配下表现出来的,对他人和社会有道德意义的活动。

(四) 品德与道德的关系

1. 品德与道德的区别

(1) 道德是社会现象,品德是心理现象。

(2) 道德受社会发展规律制约,有阶级性和社会历史性;品德不仅受社会发展规律的制约,还受个体生理、心理等内部因素影响。

(3) 道德是规范的完整体系,品德是规范的部分表现。

(4) 道德是伦理学、社会学的研究对象,品德是心理学、教育学的研究对象。

2. 品德与道德的联系

(1) 品德是道德在个体身上的具体表现。

(2) 道德影响着个人品德的形成和发展,品德还可以对道德产生一定的反作用。

（五）品德发展的阶段理论

1. 皮亚杰的道德认知发展阶段论

皮亚杰认为个体道德发展的总规律是从他律到自律的认识、转化的过程。皮亚杰认为，10周岁是儿童从他律道德向自律道德转化的分水岭。

皮亚杰将儿童的道德认知发展划分为4个阶段：

（1）自我中心阶段，2岁至5岁。该阶段的儿童不具备主体和客体的意识。即无法区分自己与环境，所以也无法理解规则的存在，规则对其没有约束力。

（2）权威阶段，6岁至8岁，也称为他律阶段。该阶段是儿童严格遵守规则的阶段，特点是遵从权威的绝对地位和服从权威。

（3）可逆性阶段，8岁至10岁。该阶段的儿童认识到概念、规则可以改变，只要权威同意或者多数人同意即可改变，开始试图按照自己的意愿，努力改变规则。

（4）公正阶段，10岁至12岁。该阶段的儿童能够评估规则，并努力主持公正、公平。

2. 科尔伯格的道德发展阶段论

美国发展心理学家科尔伯格解释了儿童和青少年道德判断的发展过程，提出了"三期六段"道德发展理论。

扫码查看　科尔伯格的道德发展阶段论

【知识点】

（六）小学生品德发展的基本特征

1. 逐步形成和谐的道德认识

小学生的道德认识是从无品德意识到将行为与品德分化，并开始向形成系统的道德认识发展，发展趋势是整合、和谐。在道德理解上，是从直观、具体的理解过渡为抽象、本质的理解。

2. 道德言行从比较协调到逐步分化

小学低年级学生道德言行一致，随着年级的升高，开始出现道德言行不一致的分化。

3. 自觉纪律逐步形成

小学生自觉纪律的形成具体经过三个阶段：

（1）依靠外部教育阶段。该阶段的小学生对纪律没有概念，需要外部明确要求其根据纪律行动。针对该特点,教师需要制定具体规定并检查,才能使小学生遵从纪律。

（2）过渡阶段。该阶段的小学生懂得纪律的存在,而且知道纪律要遵守,但尚不能做到完全遵守。

（3）转化阶段。该阶段的小学生逐步能将纪律原则变成自觉行动。

总之,小学生品德发展的关键年龄是10岁左右,也就是小学四年级,是品德教育的关键期。

（七）小学生品德的形成过程

态度与品德的形成是一个从外到内的转化过程,是对社会规范的接受和内化(见图9-6),大致经历三个阶段。

1. 依从

表面上接受规范,但对规范缺乏认识,甚至有抵触情绪。它是规范内化的初级形式,是品德建立的开端。

2. 认同

在思想、情感、态度和行为上主动接受规范,试图与之保持一致。

3. 内化

社会规则已经完全转化为个体的稳定的态度和品德,个体的态度与品德基本形成。

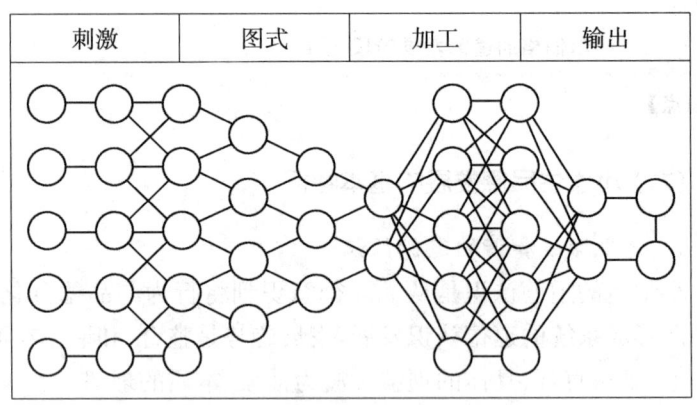

图9-6 品德行为的认知图式

（八）小学生品德的培养方式

1. 在实践中进行专门教育或者潜移默化的影响

目前,在儿童的品德教育方面,言语说服法对小学生起到的作用越来越小,所以在真正的生活实践中让小学生掌握社会规则,是态度与品德培养的根本方法。

2. 树立良好的榜样

根据班杜拉的观察学习理论,小学生更主动更愿意向榜样学习。同龄人的榜样作用更大,所以择友而交对于小学生态度与品德的形成非常重要。

3. 利用群体约定

学校中的班集体和社会上的朋友群体中的有意约定和无意约定,对改变个别或全体学生的态度和品德有非常大的作用。

4. 价值辨析讨论

倡导在班会上开展生活事件价值辨析讨论,引导学生将自己的观念与社会规则对照比较,确定自身位置和社会规则,以正确选择态度和品德。

专栏9-3

教学故事:数学教学与态度和品德的培养

胖子"0"与瘦子"1"

在神秘的数学王国里,胖子"0"与瘦子"1"这两个"小有名气"的数字,常常为了谁重要而争执不休。瞧!今天,这两个小冤家狭路相逢,彼此之间又展开了一场舌战。

瘦子"1"抢先发言:"哼!胖胖的'0',你有什么了不起?就像100,如果没有我这个瘦子'1',你这两个胖'0'有什么用?"

胖子"0"不服气了:"你也甭在我面前耍威风,想想看,要是没有我,你上哪儿找其他数来组成100呢?"

"哟!""1"不甘示弱地说,"你再神气也不过是表示什么也没有。看!'1+0'还不是等于我本身,你哪点儿派得上用场啦?"

"'1×0'结果还是我,'1'不也同样没用!""0"针锋相对。

"你……""1"顿了顿,随机应变道,"不管怎么说,'0'就是表示什么也没有!"

"这就是你见识少了。""0"不慌不忙地说,"你看,日常生活中,气温0摄氏度,难道就是没有温度吗?再比如,直尺上没有我作为起点,哪儿有你'1'呢?"

"再怎么比,你也只能做中间数或尾数,如1037、1307,永远不能领头。""1"信心十足地说。

时间线
事件线

听了这话,"0"更理直气壮地说:"这可说不定了,如0.1,没有我这个'0'来占位,你可怎么办?"

眼看着胖子"0"与瘦子"1"争得脸红耳赤,谁也不让谁,一旁观战的其他数字们都十分着急。这时,"9"灵机一动,上前做了个暂停的手势:"你俩都别争了,瞧你们,'1''0'有哪个数比我大?"胖子"0"、瘦子"1"哑口无言。这时,"9"心平气和地说:"'1''0',其实,只要你们站在一块儿,不就比我大了吗?""1""0"面面相觑,想了半晌,搔搔头笑了。"这才对嘛!团结的力量才是最重要的!""9"语重心长地说。

第四节 认知风格、人格和行为习惯

认知风格、人格和学习行为习惯的规律和特点影响小学生的认知学习,教师应重视对小学生优良的认知风格、完善的人格和良好的学习行为习惯的培养。

一、认知风格

(一)认知风格的含义

认知风格也称学习风格,是指人们在认识活动中所偏爱的信息加工方式。学习在一定程度上就是信息加工的过程,所以认知风格是认知学习的重要因素。

(二)认知风格的差异

1. 场独立型与场依存型

场依存型解决问题的线索为外部线索,与环境融合性好,不独断,愿意考虑他人的标准,所以其行为以社会为定向,适合社交。场独立型解决问题的线索为内部线索,更多倾向于加工自己的内在信息,会依据内在信息而做决定,特别注重自己的逻辑和结论,与环境融合性差,所以行为为非社会定向,喜欢独处,不适合社交。

2. 冲动型与沉思型

冲动型,经过初步独立思考即急于做结论。其认知速度快,在信息不全面时能做出决定,应变和应激能力强;但错误率高,解决低层次事实性问题占优势。沉思型,谨慎搜集各种信息到自己满意的程度才能考虑做结论,考虑各种可能后才能进行选择判定。其错误率低、战略性强,但认知速度慢,解决高层次问题占优势。

3. 具体型和抽象型

具体型,需要细节信息才能支持思维的进行,不能容忍模糊。对于该类型的学生,教师尽可能多提供信息,否则容易无法解决问题,另外还需要避免目标偏差。抽象型,能容忍模糊性,思维需要达到高抽象。对于该类型的学生,教师要避免结论偏执和刻板印象。这两种类型并非完全对立,只是思维的起点和支持信息不同,随着思维的发展,具体型认知风格的学习者也可能掌控大局思维;抽象型的学习者也可能发展为细节处理恰到好处、表现出二者整合的类型。

4. 发散型与辐合型

由吉尔福特提出。发散型认知风格的学习者能够找到多种解决问题的答案,考量多种可能性。辐合型认知风格者归纳、整合信息能力强,能找出最佳的可能。

(三)小学生认知风格的培养

教师要注意观察自己学生的认知风格,确定其认知风格的类型,了解其认知风格的优缺点,长善救失。尤其注意认知风格的特点对评价学生的意义。

扫码查看 **小学生自我意识的发展阶段及培养**

【在线案例】

二、小学生的人格

人格是个体区别于他人的稳定而统一的心理品质,是个体思维、情感及行为的特有模式。人格的特征包括独特性(人心不同,各如其面)、稳定性(江山易改,本性难移)、整合性(和谐一致)、功能性和社会性。

人格是一个复杂的结构,公认的观点是人格由气质、性格和自我调控系统三个主要成分构成。

(一)小学生的气质与教育

气质是天生的、稳定的,表现在心理活动动力方面的心理特征。目前理论上将心理动力特征细化为心理的强度、速度、稳定性

和指向性等方面。气质是由个体天生具有的神经类型决定的，所以气质具有天赋性。气质在个体生命的早期对个体心理和行为的影响更明显，所以气质对小学生的心理特点和行为表现的决定性更大，小学教师更要重视气质与教育的关系。

气质的特征为教育工作提供了"因材施教"的依据。总体的原则就是因材施教、长善救失。

1. 对不同气质类型的学生要一视同仁

气质类型没有好坏之分，每种气质类型都有其优点和缺点，有擅长的方面和不擅长的方面。因此，教师要平等对待任何一种气质类型的学生，相信他们都能克服消极特征、发扬积极特征，形成良好的性格。

2. 依据学生的不同气质类型，采取不同的教育策略

对待胆汁质类型的小学生，应发展其勇敢、不服输、敢于面对困难的个性品质；也要引导他们改变任性、脾气大、倔强和敌对的个性。引导其学会对他人的共情与理解，促进其思维广阔性的提升，促使其克制冲动、深思熟虑地考虑问题等。

对多血质的小学生的教育，应表扬其朝气蓬勃、善于交际的个性，克服其朝三暮四、虎头蛇尾、粗心大意等气质特点。

对粘液质小学生的教育，表扬应致力于其踏实、不急不躁、稳重的特点，改变其循规蹈矩、墨守成规、顽固不变通等不良品质。

对抑郁质小学生的教育，应多给予表扬和奖励，甚至鼓励与老师之间交往多些，克服其天生的消极悲观情绪。表扬奖励时要致力于其敏锐、机智、细致等个性品质。

3. 教育小学生善于认识并控制自己的气质

教师和家长要给小学生讲明其气质特征，注意在阐述时优点与缺点应保持均衡，对于抑郁质的学生，要特别重视强调积极的方面，以防止其自暴自弃。

4. 小学教师本身对自己的气质的调控也十分重要

无论教师本人属于何种气质类型，都要扬长避短，克服消极，发挥积极，成为小学生的榜样。教师容易产生的人格问题是脾气暴躁、急性子和强迫性，所以要将严和爱相结合，情绪、语言和行为要适度。

（二）小学生良好性格的培养

性格是个体对客观现实稳定的态度和习惯化了的行为方式。性格是与社会相关最密切的人格特征。性格是人格的社会成分。

性格有好坏之分,性格中包含着许多社会道德含义。

人格的核心是性格,性格的核心是性格的态度特征。性格的态度特征、理智特征、情绪特征和意志特征,每个要素都与认知学习有极其密切的关系,而且都是从不好到好的连续体,每个个体的性格都处于每个系统两极之间的某个点上。

性格是后天形成的,并以气质为基础形成,所以教师要根据小学生不同的气质类型采用不同的性格培养策略。影响性格的因素比较多,体现了性格的可塑性。教师要统合各种因素,对小学生进行性格的培养,学校教育在一定程度上也是塑造性格的过程,教师在重视认知学习的同时必须注意小学生性格的养成教育。性格好坏的评价标准比较多元,又具有情境性,对于人际交往,性格的四个子系统的标准因情境而不同,在很多情境下中等程度的标准比较适宜。而对于学习,四个系统的标准则越高越好。教师一定要重视这种差异,并体现在自己的教育活动中。

(三)调动自我调控系统的作用

自我调控系统是人格的内控系统或自控系统,包括自我认知、自我体验、自我控制三个子系统。自我认知即对自己的洞察,自我体验是伴随自我认知而产生的内心体验,自我控制包括自我监控、自我激励和自我教育。

自我调控系统的功能是对人格进行调节和控制。这种调节和控制是不断按照自己的理解改变自己的人格及其表现。有的调节和控制会使个体的人格越来越完整、统一、和谐;但也有的调节和控制会使个体的人格多元甚至分裂。调节和控制的内容更多地体现在人格与自己的外在行为表现的关系上。

教师要努力调动小学生自我调控系统的作用。教师的教育是学生人格自我调控非常重要的参照标准,所以教师除了关注认知学习,还要关注自己给学生的人格调控提供的反馈和标准,如"放学后学习3个小时,非常好,继续提高"的反馈,学生更容易理解和调控,而"不认真"的反馈,使学生不知道怎么做是更认真,而且会产生自我否定和自我困惑。对于自我调控系统作用比较小的小学生,要采用启发式,启发小学生评估自己的态度和行为,让小学生自己提出改变的方法,促进自我调控系统作用的发挥。

三、行为习惯

(一) 过错行为和不良道德行为的含义

过错行为是指不符合道德要求的问题行为,如调皮捣蛋、恶作剧、起哄、无理取闹、作业和考试作弊等。不良道德行为是指受错误道德意识支配,违反道德准则,损害他人利益的行为。过错行为与不良道德行为相比,小学生的过错行为比较多见,不良道德行为很少。

(二) 小学生产生过错行为的原因分析

1. 主观原因

心理咨询实践中发现,目前小学生过错行为产生的原因有新的倾向,值得家长、教师和社会重视。如道德认识错误,认为过错行为是"聪明";追求灾难或负性道德体验;道德意志力方向错误;性格缺陷,不接受教育等。

2. 客观原因

小学生过错行为产生原因之所以有新倾向,主要归因于社会的变迁。其次是受自家庭、学校的影响。社会大环境和小形势在改变着小学生的思维和行为,如网课引起了小学生思维和行为的很多变化。

(三) 小学生过错行为矫正的基本过程

小学生过错行为矫正的基本过程包括四个阶段:醒悟阶段、转变阶段、反复阶段和稳定阶段。教师要将小学生过错行为的改变看作一个过程,不要急功近利,否则会欲速则不达。

(四) 小学生过错行为的矫正策略

小学生过错行为的矫正策略包括:重视可塑性和发展性,致力于教育而不是惩罚;利用教师期待效应,保护小学生的自尊心;逐步增强小学生的社会规则意识,增强抗拒诱惑的意志力;增加社会实践锻炼的机会,促进思维社会化发展。

(五) 学习行为习惯的培养

良好的学习行为习惯是有利于高质量、高效率完成学习任务的行为。小学是学习行为习惯养成的重要时期。小学生对成人的依附性高于中学生,所以接受成人指导的自动化程度也比较高,为此,小学教师和家长一定要把小学阶段作为良好学习行为习惯养成的关键期。小学生的家长和教师一定将良好学习行为习惯的养成作为教育的重点。尤其重要的是,要以初中学习情境的需要为指向性进行学习行为习惯的培养。

精加细工

1. 小学教师和家长要与初中教师和家长密切沟通

小学教师和家长要从初中教师和家长的实践经验中,获得初中的学习日常程序和初中需要的学习习惯,并以之为目标对小学生进行学习行为习惯的培养。

了解初中生教育的重点和难点,在小学阶段即做预防教育。小学阶段,家长和教师普遍觉得教育小学生不难,而且教师和学生、家长和孩子的冲突不大,但是到了初中,这种难度和冲突急剧升高,所以教师和家长一定要在小学阶段即了解初中教育将要面临的挑战,在小学阶段做准备教育。

2. 避免家长专断和直接给予结果

新课改倡导的过程与方法对教师和家长的指导意义巨大。

小学阶段,教师或家长直接呈现要求和结果,小学生能接受,于是教师或家长用听话作为评价孩子好坏的标准,小学教师或家长往往忽略了让孩子自己探索和发表自己的看法。而到了初中,孩子的思维能力增长导致的同一性混乱,使他们不再简单地接受教师和家长的观点,但他们沿袭了教师和家长的风格,喜欢直接表达自己的观点,并要求教师和家长不能质疑,于是无法实现通过讨论得出最佳结论的科学过程,因此造成了教师、家长、孩子三方的冲突。

时间线
事件线

因此在小学阶段,教师或家长就应该重视首先让孩子发表自己的看法,孩子在发表自己的看法后接受家长或教师的指导,即养成通过家长、教师或孩子的互动过程得出目标和方法的行为习惯。

3. 制定规范,严格执行,约束双方

良好的行为习惯最重要的是规范的遵守。所以在小学阶段就形成纸质规范范本制度,教师或父母将规范写在纸上,既约束父母或教师又约束小学生。从小学即养成规范的权威性,而不是教师或父母即人的权威性。防止到了初中,青少年挑战成人的权威,以攻击成人来违反规范。

4. 良好行为习惯的养成要循序渐进

教师或家长要制订计划,列出行为习惯与养成时间段。确定在哪些阶段内养成哪些行为习惯,并给予充分的时间。在此时间

段内,教师或家长要持续且耐心地要求、等待、管理、约束,直到一个良好行为习惯的养成。不可态度恶劣,操之过急。

除了本章阐述的六个因素以外,还有很多因素如社会比较、心理健康状况等心理因素都会影响小学生的认知学习。

本章小结

本章重点内容是介绍学习动机和自尊两个心理现象。其他心理因素包括态度与品德、认知风格、人格、行为习惯等只做了简单介绍。本章侧重以上心理因素在小学阶段的培养和教育,关于培养和教育的方法,会借助在线的例证呈现,以培养教师和家长的实践能力,力求做到实用。

思考与练习

1. 哪些语言会伤害小学生的自尊?在小学生犯错时如何批评能保护小学生的自尊?

2. 详述某一节课程的讲授过程,体现在课程教学中培养小学生的品德。

3. 怎样防止因外部学习动机使用不当,降低小学生内部学习动机?

4. 列出 20 个描述儿童良好性格的词,并概括在小学阶段需要培养的小学生的性格特征。

5. 小学生在小学阶段应该养成哪些良好的学习行为习惯?

参考文献

[1] 曹宏桂,陈峥.略论小学语文知识的分类与积累[J].新课程研究,2021(5).

[2] 崔钰颖.基于支架式教学的小学高年级习作评改的优化策略研究[D].牡丹江师范学院,2024.

[3] 戴海崎,张锋,陈雪枫.心理与教育测量(第3版)[M].广州:暨南大学出版社,2011.

[4] 费薇.新课程下小学科学探究式教学中课堂提问的策略[J],天津教育,2022(5).

[5] 顾沈玉.现代儿童学习理论在小学语文习作生活化教学中的运用[J].课程教育研究,2020(19).

[6] 海桂莲.智慧学习环境下基于问题解决的小学科学课探究式教学设计研究[D].宁夏大学,2022.

[7] 韩婷.基于奥苏贝尔意义学习理论的小学高年级古诗词教学问题与对策研究——以S小学为例[D].内蒙古师范大学,2021.

[8] 郝明松.教育匹配问题研究新进展[J].经济学动态,2016(6).

[9] 何肖.加涅学习层级理论下小学音乐核心素养的培育研究——以唱歌综合课为例[D].曲阜师范大学,2023.

[10] [美]B·R·赫根汉,T·亨利.心理学史导论(第七版)[M].郭本禹,方红,等译.上海:华东师范大学出版社,2019.

[11] 胡锐娜.基于构建主义学习理论的小学数学图形与几何自制教具设计与运用——以圆柱的表面积计算为例[J].理科爱好者(教育教学),2020(5).

[12] 黄欣然,喻平.布鲁纳认知结构学习理论对小学数学教学的启示[J].教育研究与评论(小学教育教学),2023(1).

[13] 黄志萍.基于建构主义学习理论的小学英语语法教学模式[J].生活教育,2023(9).

[14] [英]简妮·爱丽丝·奥姆罗德.学习心理学(第6版)[M].汪玲,等译.北京:中国人民大学出版社,2015.

[15] 蒋洁.建构性教学策略在小学科学课堂中的应用[J].新课程,2021(47).

[16] 金浩.基于模仿学习理论的小学低年级英语教学模式[J].浦东教育,2023(12).

[17] 克努兹·伊列雷斯,陈伦菊,盛群力.学习理论发展简史(上)[J].数字

教育,2020,6(1).

[18] 克努兹·伊列雷斯,陈伦菊,盛群力.学习理论发展简史(下)[J].数字教育,2020,6(2).

[19] 李海燕.奥苏伯尔有意义言语学习理论对小学语文教学的启示[J].读写算,2020(32).

[20] 李恒.具身认知视域下的教学设计研究[J].吉林省教育学院学报,2023(9).

[21] 李夏妍.我国现代教育测量发展述析[J].哈尔滨师范大学社会科学学报,2014(2).

[22] 林刚强.知识观视域下小学科学分类教学的策略研究[J].中小学教师培训,2020(7).

[23] 刘冬坤.基于建构主义学习理论指导的小学英语绘本阅读教学研究[D].辽宁师范大学,2022.

[24] 刘泓瑶.基于问题解决的小学数学跨学科主题学习设计研究[D].集美大学,2024.

[25] 刘箐箐,陈玉鹏.小学数学单元教学中抛锚式教学模式的应用设计——评《小学数学问题化学习课堂实践手册》[J].中学教育学刊,2022(6).

[26] 刘娟.基于建构理论下的小学数学自主学习教学模式探讨[J].数学学习与研究,2022(18).

[27] 刘晓媚.基于建构主义学习理论的小学数学教学研究——以"乘法的初步认识"教学为例[J].数学教学通讯,2024(7).

[28] 刘燕.建构主义视角下小学英语口语教学研究——以雨花区××小学为例[D].湖南科技大学,2020.

[29] 闫小荣,叶蓉.基于学习支架理论的小学语文习作路径设计——以《神奇的探险之旅》的教学为例[J].小学教学研究,2024(18).

[30] 祁飞.合作学习理论在小学英语教学实践中的运用[J].新课程,2020(12).

[31] 荣珍.建构主义学习理论在小学数学教育教学中的应用[J].新课程,2021(47).

[32] 桑庆华.建构理论下自主学习小学数学教学模式构想[J].天津教育,2024(10).

[33] 沙金如.基于观察学习理论的小学作文教学实践[J].小学生作文辅导(上旬),2023(12).

[34] 史晓燕.教育测量与评价[M].北京:北京师范大学出版社,2016(10).

[35] 孙梦林.基于深度学习理论的小学语文第二学段随文练笔教学研究——以《麻雀》为例[D].集美大学,2024.

[36] 孙梦雨.自我决定理论视角下小学科学游戏化学习中学生学习投入研究[D].华中师范大学,2022.

[37] 孙梦月,李玉峰.基于创新思维培育的小学科学实验教学设计——以

"水到哪里去了"为例[J].实验教学与仪器,2023(6).

[38] 唐娟.小学数学教材习题认知水平与知识分类研究——基于布鲁姆认知目标分类学视角[D].温州大学,2020.

[39] 陶文治.学习风格理论在小学心理课堂小组合作学习中的应用策略[J].安徽教育科研,2023(28).

[40] 滕菲儿.基于支架教学理论的小学数学自主探究学习现状与策略研究[D].杭州师范大学,2022.

[41] 田晶.小学STEM教育中元认知能力的培养研究[D].曲阜师范大学,2023.

[42] 田甜.知识分类视角下的五星教学模式教学策略研究——以小学科学课为例[D].河北大学,2022.

[43] 佟莹.小学科学教学设计的规范化和学科化[J].基础教育论坛,2022(34).

[44] 汪璐.具身学习视域下小学低段写话教学策略的行动研究[D].浙江师范大学,2023.

[45] 王冰丽.认知学习理论视角下小学高年级作文教学策略研究[D].辽宁师范大学,2022.

[46] 王琦.新中国成立以来小学写作课程目标分析——基于知识分类学视角[D].哈尔滨师范大学,2021.

[47] 王潇.新时代高校思想政治教育评价研究[D].同济大学,2022.

[48] 王忠美.惩戒的艺术:小学教师应对学生课堂问题行为的策略研究[D].赣南师范大学,2023.

[49] 魏晓凡.加涅信息加工学习理论对小学数学教育的启示[J].数学之友,2023(19).

[50] 翁璐瑶.知识分类理论下的教学设计研究——以小学语文为例[D].南京师范大学,2019.

[51] 吴井芳.基于掌握学习理论,改进小学数学学困生教学策略[J].数学教学通讯,2020(7).

[52] 闫怡.基于认知负荷理论的小学数学项目式学习支架设计与应用研究[D].陕西师范大学,2020.

[53] 严培匀.基于"希沃白板5"的小学数学教学设计及应用研究[D].江苏大学,2022.

[54] 杨树华.关于小学科学教学案例的选用的几点反思[J].新智慧,2019(6).

[55] 尹晴.范例支架在小学第二学段习作教学中的设计与应用研究[D].浙江师范大学,2023.

[56] 余米华.有意义学习理论应用于小学语文阅读教学的策略探究[D].喀什大学,2022.

[57] 岳晓林.发现学习理论在小学高段诗歌阅读教学中的应用研究[D].四

川师范大学,2021.

[58] 曾敏纯.具身认知视域下小学高年级语文阅读教学行动研究[D].闽南师范大学,2023.

[59] 张静.认知学习理论下小学高年级学生美术创作力提升探究[J].江苏教育研究,2019(35).

[60] 张全军.小学语文教学中"掌握学习"理论的导入实践分析[J].学周刊,2020(1).

[61] 张天良,许发金.知识分类学习论视角下策略单元教学的实践与思考[J].语文建设,2020(20).

[62] 张天良,许发金.知识分类学习论视角下的阅读策略单元教学[J].福建教育,2020(36).

[63] 张义.抛锚式教学理念下小学中高段学生英语合作学习研究——以自贡市某小学为例[D].西华师范大学,2023.

[64] 张元忠.小学科学教学观察实验设计的依据和方法分析[J].新课程,2021(24).

[65] 赵彩亮.基于项目式学习的小学语文阅读"六步教学模式"设计与实践[J].教师教育论坛,2022(8).

[66] 赵彩亮.融入设计思维的小学语文大单元教学:基本思路与操作模型[J].中小学教师培训,2024(2).

[67] 赵虹云.小学科学教师跨学科教学能力结构模型研究[D].杭州师范大学,2022.

[68] 朱少妹.基于建构主义学习理论的小学数学"数与运算"教学研究[J].名师在线,2024(13).

[69] 朱文辉,胡美玉,冀蒙.统编版小学语文逆向教学设计的研究——以小学四年级下册"诗歌单元"为例[J].天津师范大学学报(基础教育版),2022(3).

[70] 朱新俊.借助具身学习理论,促进小学低年级学生的数感养成[J].数学大世界(下旬),2023(5).